www.tredition.de

AF196257

Walter Zeis

Zeitwasserzeichen am Wegrand

Prosa und Lyrik

© 2018 Walter Zeis
Umschlag und Grafiken: Walter Zeis

Verlag und Druck: tredition GmbH, Hamburg

ISBN
Paperback: 978-3-7439-8087-7
Hardcover: 978-3-7469-2847-0
e-Book: 978-3-7439-8088-4

Inhalt

Erste Abenteuer

Der Beruf meines Vaters - er war Landwirt im Dienste mehr oder weniger großer Grundherrn - hat mich vom siebenten Tag meines semmelfrischen Lebens so recht auf die Erde, auf Äcker, Gartenbeete, in die Nähe von Mistbeeten, Kühen, Pferden, Ochsen, allerlei landwirtschaftlichen Maschinen, in kleine unscheinbare Dörfer gestellt, zuallererst mittels eines vierrädrigen Gefährts, das damals - sicher der Mode entsprechend - mit schwarzer, wie Mutter sagte, Wichsleinwand bezogen war. Es war nicht sonderlich hoch, aber sehr eckig, und - was mich besonders beeindruckte - zu einem Schlitten zu verwandeln, den Mutter damals samt meiner Winzigkeit vor sich herschieben musste. Ich wüsste nicht so Genaues über dieses Gefährt zu sagen, wenn ich es nicht unter meiner vier Jahre nach mir geborenen Schwester, nun eifrig nebenher trippelnd, sommers und winters erlebt hätte.

Am Schicksal meiner Schwester las ich auch in einer anderen Hinsicht das meine, das für den Vierjährigen längst verflossene, ab: Der Wickelpolster, ein längst vergessenes, zart bespitztes Utensil aus der ersten Hälfte des vorigen Jahrhunderts, wie mir schien, wohlüberlegt angewandt zur Schienung der zarten Beinchen und des bauchbeladenen Rückgrats, ward meiner Schwester wie mir einst untergeschoben; eine Spitze zu Mutters Bauch, eine links, die dritte rechts und die mit Spitzen und Rüschen verzierte vierte nach oben. Mich erfasste nun, da ich mit ansehen musste, wie dieses zarte Körperchen eingewickelt wurde, ein unbändiges Freiheitsbedürfnis, das ich kraft meiner kurzen und stämmigen Beine schon durchsetzen konnte. Kam ich nach einer Weile zurück, sah ich mit neuem Entsetzen, dass dieses mich so beängstigende Paket noch mit einer mir unendlich lang erscheinenden breiten Binde kunstgerecht umwickelt worden war. Nun, da ich von Mumien weiß, erscheint mir dieses Verfahren von den alten Ägyptern abgeguckt und auf einen entschieden zu frühen Zeitpunkt menschlichen Schicksals vorverlegt worden zu sein.

Nachdem meine Schwester tagsüber in dieses schwarzglänzende Wichsleinwandgefährt, den Kinderwagen bzw. -schlitten, gelegt worden war, begleitete sie, wie ich einst, Mutter hinaus in den Garten und blinzelte in die Sonne oder schloss ihre Augen zum Verdauungsschlummer. Mutter jätete, stach die Erde um, rechte (die Harke hieß bei uns Rechen), zog Zeilen, säte, rechte die Zeilen wieder zu und ebnete das Erdreich mit einer Walze, einer kleinen polternden Eisentonne, wieder ein. Im Mistbeet waren schon die ersten zarten Pflänzchen zu sehen. Dicke

Wassertropfen hatten sich an den Innenseiten der Glasscheiben niedergeschlagen und fielen, wenn sie satt waren, herab auf die schwarze, lockere, fette Erde oder auf ein Blättchen und drückten es für einen Moment herunter. Mein Schwesterchen, eine März-geborene, umgab nun die gleiche Szenerie wie mich einst, der ich, im April geboren, neben ein wenig größeren Mistbeet-pflanzen und schon keimenden Saaten gestanden hatte.

Sicher hatte dieser Garten eine feste Grenze, doch ich weiß nur von einer solchen zur Straßenseite hin. Sonst weiß ich nur noch von einem Flüsschen, March genannt, das meinen Bei-nen, wollte ich keine nasse Hose wagen, den Weg versperrte. An das jenseitige Ufer der March war ich nie gekommen. Doch war für mich die Welt dort keineswegs zu Ende. Im Gegenteil: Dort-hin, in ein dunkles, dichtes Gestrüpp und hinauf in den blauen Himmel wandte sich meine ganze Sehnsucht.

Unser Marchufer war das Reich, wie mir scheinen wollte, unzähliger Ratten. Ich wollte nicht wahrhaben, dass es einen Sommer über eigentlich immer dieselben gewesen sind, die vor mir davonhuschten oder mit schrecklich starren Augen hocken geblieben sind. Zwischen Schilf und Dotterblumen, üppigem Huflattich mit riesigen Blättern hatten sie ihre Löcher, aber stö-berte ich sie auf, war ihre sichere Zuflucht das Wasser der March, in das sie Hals über Kopf hinein plumpsten und auf dem sie, ganz kleine flache Wellen erzeugend, davon schwammen.

Zuhause galten die Ratten als unsere ausgemachten Feinde, weil sie sich nachts bis an unser Anwesen heranschlichen und im Hühnerstall ihr Unwesen treiben konnten. Es war ihnen nicht beizukommen; denn Gift auszulegen war bei der großen Zahl geflügelten Viehs, das Mutter in den Ställen hielt, unmöglich. Die ausgewachsenen Hühner, Enten, Gänse und Puten vermochten es mit den nächtlichen Eindringlingen einigermaßen aufzunehmen, aber die Küken aller Art waren ihnen schutzlos ausgeliefert. Dem wusste Mutter abzuhelfen: Kaum waren die Küken geschlüpft - die Brutstätte war auf einem hoch oben angebrachten Brett in einer Stallecke eingerichtet - , holte Mutter das piepsende Völkchen in einer großen, mit einem Drahtgitter abgedeckten Kiste in die Küche. Dort stand dieses Völkchen dann zwischen Fenstern und Ofen und erfüllte den Raum mit seinem Piepsen, die Enten- und Gänseküken zudem noch mit dem Geräusch durchschnäbelten Wassers.

Mutters besonderer Stolz war die Zucht der weißen Leghornhenne, ein stolzes, schlankes Huhn, das sich neben den anderen gesprenkelten, gedrungenen wie eine Königin oder Prinzessin ausnahm. Aber als Küken waren sie wie die anderen hilflos, verängstigt, wenn ich sie in die Hand nahm, und sie waren nicht weniger wärmebedürftig. Mit ihrem dottergelben Daunengefieder hoben sie sich allerdings von den anderen Rassen ab. So beobachteten wir gemeinsam über Wochen unsere kleinen putzigen Gäste, prüften, bei welchen sich der Hals und die Beine streckten; denn recht bald wollte Mutter wissen, wie viele Hähne unter dem Völkchen waren. Gaben diese auch einen zarten jungen Braten ab, so waren sie doch, besonders wenn sie zu zahlreich vertreten waren, nicht gerade gern gesehen. Mutter wollte eben viele Hennen haben, der Eier wegen. Und sie sagte, es gäbe zu viel Streit unter der heranwachsenden Schar, und viele junge Hähne hätten den altehrwürdigen Herren unter dem Hühnervolk schon manchmal das Gefieder jämmerlich zerzupft. So sahen wir zu, ob die größeren unter den Küken einen Ansatz zum Hahnenkamm bekamen, denn daran waren die jungen Hähne ganz sicher zu erkennen. Das männliche Geschlecht schien gerade unter den Hühnern immer besonders zahlreich zu sein, denn ich erinnere mich nicht, dass wir mit ähnlicher Spannung verfolgt hätten, ob unter den Enten ein Erpel, unter den Gänsen ein Ganter und unter den Putenküken ein Truthahn war. Vielleicht war das deshalb unwichtig, weil es ja nicht um Eier, sondern um den Braten ging.

Apropos Truthähne! Wie viele es auch immer sein mochten, sie flößten mir Angst ein. Der rote Zoddel unter dem Schnabel, der trotzige, ja bedrohliche Gang, das weite Rad der Schwanzfedern, das Kratzen der nach unten ausgefahrenen Flügelfedern im Sand, das Gurren und Glucksen, die Kreise, die sie in erregtem Zustand beschrieben - all das erschreckte mich. War doch so ein Truthahn, wenn er ausgewachsen war, so groß, dass er mir mit seinem Schnabel hätte in die Brust stoßen können. Nie jedoch hat mich ein solch stolzes und, wie es schien, jähzorniges Tier, angegriffen, aber der Aufwand an Bewegungen und seltsamen Geräuschen schüchterte mich ein.

Die jungen Hähne aus dem lauten Hühnervolk dagegen, sie konnten mich ganz plötzlich von hinten anfliegen, und nicht nur einmal hat mir so ein übermütiger Geselle ein paar Haare ausgezupft. Als es das erste Mal geschehen war, verstand ich Mutters Sorge um die Streitlust dieser krächzenden Kerle. Am Morgen, wenn ein sonniger Tag gerade anzubrechen begann, machten die jungen Hähne einen solchen Lärm hinter der Stalltür, dass wir alle zwischen vier und fünf Uhr aufwachten und so lange wach lagen, bis Mutter die Stalltür geöffnet hatte. Dann schwirrten sie heraus, hoben noch einmal im Chor zu einem heiseren Kikeriki, eher zu einem dem Kikeriki ähnlichen Gekrächz, an, flogen den jungen Hennen voraus, postierten sich jeder auf einen anderen erhobenen Platz, auf dem Hackklotz, einem Korbrand, dem kleinen Dunghaufen, und krähten nicht mehr im Chor, sondern nacheinander in den frühen Morgen hinein.

Ich hatte diesen halbwüchsigen, frechen Gesellen in diesen Morgenstunden im Bett liegend aufmerksam zugehört. Es schien mir, als pressten sie ihren knarrenden Morgengruß nicht aus sich heraus, sondern es war mir, als pressten sie ihre Kehlen zusammen und rissen die Luft gleichsam durch einen Spalt in sich hinein. Die vierte Silbe ihres Schreis verklang nicht wie bei einem ausgewachsenen Hahn, sondern brach plötzlich ab. Ich habe oft versucht, diese Art des Krähens mit meiner Stimme nachzuahmen, hatte die Luft im Hals gestaut und ruckartig aus mir herausgepresst, aber es wollte nicht gelingen, bis ich den Einfall hatte, das Geräusch beim Einatmen zu erzeugen. Und siehe da, es war täuschend ähnlich! Erst machte ich es leise, und als ich wusste, wie es geht, setzte ich zu meinem ersten lauten kecken Junghahngekräh an. Ich setzte mich aufrecht hin, öffnete das Fenster über mir, verstohlen, nur mit ausgestreckten Armen und eingezogenem Kopf, damit die Junghähne draußen meine List nicht durchschauten. An Mutter hatte ich gar nicht gedacht. Wieder im Bett sitzend, nun gewahr geworden, dass sich Mutter in der Küche am Herd zu schaffen machte, warf ich mich in Positur, streckte meinen Hals, presste meine Kehle zusammen und krähte lauthals in den Morgen hinein. Das war gelungen! Dass mir damals keine Stunde schlug, dass ich wirklich mit den Hühnern erwachte und zu Bett ging, wusste Mutter, aber auf mein Gekrächz - mehr war ja das Krähen der Junghähne nicht - war sie nicht vorbereitet. Zunächst, so schien es mir, antworteten mir von draußen die schlanken weißen Leghornjünglinge und die kurzbeinigen gesprenkelten einer anderen Rasse. Ehe ich aber die Antworten zählen konnte, stieß Mutter die Tür auf, sah mich an, sah sich im Zimmer um und rief: Wo ist das Viech? Ich konnte gar nicht begreifen, was sie meinte, so sehr war ich in die Möglichkeit eines Zwiegesprächs mit dem Federvieh vertieft, ja ich war zornig über die Störung. Mutter schien nun doch meinen Zustand wahrzunehmen, denn sie sah sich nicht mehr um, sondern ging auf mich zu. Ich verstand sie immer noch nicht, hatte immer noch keine Ahnung von ihrem Verdacht. Mir war, als suchte sie das Viech auf meinem Bett. Doch dann stand sie vor mir, ahnend, ja wissend, nickte und sagte: Mach das noch einmal! Was? fragte ich. Na, dieses Gekrächz wie die Viecher da draußen. In ihrer Stimme lag die ganze Verachtung, die sie den krakeelenden Hähnen zugedacht, aber nun auf mich übertragen hatte, so als wollte sie sagen: Auch du? Pfui! Wie kannst du nur! Wir haben genug an denen da draußen! - Aber ich, ich war stolz, und diesen Stolz wollte ich bewahren. Wer konnte das schon so wie ich?! Und so verquickte ich den Widerspruch gegen Mutters

Verständnislosigkeit mit dem Beweis meiner eben erworbenen Fähigkeit und krähte Mutter mitten ins Gesicht. Sie sah mich an, verärgert und erstaunt zugleich, ich aber achtete nicht mehr auf sie, sondern lauschte hinaus, wartend auf eine Antwort, die sich sogleich ins Zimmer werfen musste. Und wahrhaftig, schon meldete sich der erste Hahn, dann der zweite, dann der dritte. Ich erhob meine rechte Hand, streckte den Zeigefinger empor, sah Mutter triumphierend an und sagte: Hörst du? Die da draußen verstehen mich, aber du ...? Mutter sah mich nur mitleidig an: So tief war ich also gesunken, ich sprach mit diesen lästigen Gesellen, die nur gut für die Bratpfanne waren, mit diesen Störenfrieden und Rüpeln, die den Hennen kreischend das Futter stahlen, indem sie über sie hinweg flogen, sich ihnen ins Gefieder warfen, sich von ihren Rücken abstießen und sie auf diese Weise einfach wegschoben.

Es war schon ein Völkchen, diese gefiederte Schar, um das sich mancher Tag drehte! Frisch aus dem Ei, gelb oder wollig braun, piepsend gebeugt über Hirse und gehackte Brennnesseln, saugten sie all unsere Liebe und Fürsorge auf, unterhielten mich, erinnerten mich an mein Bett, wenn sie sich in eine Ecke, kaum dass die Sonne zu sinken begann, aneinander drängten, immer noch einmal piepsend, den Hals noch einmal empor streckend aus dem flaumigen Knäuel, bis sie schliefen, Schwänzchen an Köpf-

chen und Köpfchen an Schwänzchen - ein gelbes oder braun-
graues Kissen, mit Schnäbeln gesprenkelt. Ab und zu geriet die-
ses Kissen in Bewegung, wenn sich eines der Küken neu zurecht
kuschelte und ein verhaltenes Piepsen - wie im Traum, wie unter
einer Decke hervor - in die Küche schickte.

Gute Nacht, hieß das. Gute Nacht, ihr netten kleinen
flaumigen Bällchen. Morgen suche ich auch wieder Brennnesseln
für euch und hacke euch ein hartgekochtes Ei, siebe die Hirse,
damit euch kein Steinchen in der Kehle stecken bleibt. - Dann
schlich ich mich zur Kiste und deckte sie mit einem Sack zu. Still
war es darunter. Ich neigte mich mit einem Ohr darüber. Und
wenn ich Glück hatte, bekam ich noch eine ganz leise Antwort.

Verloren, erinnert

An jenem Tag, als wir unserem letzten Heimatort entgegen fuhren, schien die Sonne, und es war einer jener Sommertage, die sich vier bis sechs Wochen aneinanderreihen konnten, ohne dass ein Tropfen Regen fiel: Die Luft war warm und leicht, der Himmel blau, die Wolken weiß und leicht bewegt.

Die lehmigen Feldwege waren hart und spröde und von fest gewordenen, tiefen Wagenspuren gezeichnet, eingefahren in Zeiten des Regens. Die Straße war staubig, aber nur wenig von dem Staub hob der Wind oder ein Pferdegespann mit seinem Wagen auf. Der Wind war eigentlich nur ein sanftes Bewegtsein der Luft, das schnell vom Staube ließ und auf das Feld hinüberglitt. Schloss ich die Augen ein wenig, so konnte es scheinen, als streife der Wind, indem er über das Ährenfeld hinweg glitt, aufgewellten Sand.

Die Felder lagen tiefer als die Straße, getrennt davon durch einen gut gepflegten Straßengraben und eine Reihe junger Obstbäume. Später erst, als ich den gleichen Weg wie an diesem Tage zu Fuß zur Schule ging, etwa fünf Kilometer, entdeckte ich reichlich sprudelnde, eisenhaltige Quellen mitten zwischen den Feldern. Darin bestand die Harmonie des Sommers: dass Juli und

August diese Quellen nicht versickern ließen und die rotgebetteten schmalen Wassergräben nicht austrockneten.

Das letzte Stück Weg zwischen der Bahnstation und der sich aufwärts schlängelnden Serpentinenstraße ist mir besonders deutlich in Erinnerung geblieben: Von der Kutsche aus glitt der Blick über Getreidefelder und stieß im Halbkreis auf die Leiten, auf einen recht steilen, grasbewachsenen Hang, der mit Kirschbäumen bepflanzt war, sich links allmählich verlor und auf seiner rechten Seite von einer Bahnlinie durchschnitten wurde. Wie aus dem Mittelpunkt eines Kreises strebte die Straße dem Dorf zu: Links am Hopfengarten und dem Pappelberg vorbei und rechts ein Stück entlang am Dorfteichufer. Von der Straße aus fiel der Blick, wenn er sich dem Dorf zuwandte, auf das steinerne zweistöckige Gutshaus, davor auf die kleine Dorfkapelle und abwärts den Weg auf die Terrassen des großen Gartens mit den Quellwasserbassins, dem Gerätehaus und dem Gartenhäuschen inmitten der obersten Blumenterrasse gleich neben der Gartentür.

Das Gefühl der Erwartung in mir war nach Kindesart empfänglich fürs Außergewöhnliche, fürs Abenteuerliche. Was Vater und Mutter dachten und empfanden, teilte ich nicht: Denn ich stand noch in der beglückenden Beziehungslosigkeit des Kindes, aus der heraus ich mich ohne die Frage nach der Zukunft von allem einfangen lassen konnte, was mich an Neuem, Weitem und Erregendem umgab. So eröffnete sich mir die gefährliche Serpentine, der von Quellen ausgespülte jähe Abhang zum Teich, das graue majestätische Gutsgebäude und vor allem der Hof mit seinen Pferden und Ochsen, mit den gähnenden Scheunentoren und mit Vaters Kanzlei, an der wir vorbeigehen mussten, wollten wir hinauf zur Wohnung.

Wir richteten uns ein im altehrwürdigen Haus. Fenster an Fenster reihte sich in der großen Küche. Im Kreis durchlief ich die vier Zimmer: Wohnzimmer, Schlafzimmer, Speisezimmer, Gastzimmer. Wie seltsam war der große, weißgekachelte Herd, fest gemauert, wuchtig und mit vielen schwarzglänzenden Türen versehen!

Vater richtete seine Kanzlei ein: Geradeaus gegenüber der Tür war ein Fenster hinaus zur Kapelle, übereck eins mit dem Blick die Dorfstraße hinunter, die sich unterhalb des Transformatorenhäuschens in der Serpentine verfing. Vor diesem Fenster stand Vaters Schreibtisch, auf dem mich am meisten der Stempel mit seinem Namenszug beeindruckte. Schreibtisch und Aktenschränke standen etwas höher auf einem Podium, das fast zwei Drittel des Raumes einnahm. Es knarrte, wenn Vater mit seinen Stiefeln darüber ging.

Lenkte Vater seinen zweirädrigen wendigen Einspänner oder stand er, auf seinen Spazierstock gestützt, am Feldrand oder an der Dreschmaschine, oder stach er mit der Eisenspitze an seinem Stock in die großen lehmigen Ackerschollen, die der Dampfpflug zurückgelassen hatte, hätte niemand geglaubt, dass er aus einem kleinen angesehenen städtischen Kaufmannshaus stammte, in dem er als einziger Sohn dem Vater seinen Berufswunsch abgetrotzt hatte. Vater war eher klein von Statur, schmal im Gesicht, und hoch über der Stirn setzte das dunkle glattgekämmte Haar an. So entsprach er äußerlich ganz und gar nicht der Vorstellung, die man von einem Landwirt haben mag. Und doch: Er setzte auf einem Umweg über einige Generationen die vorväterliche Tradition der Landwirte fort.

An der Weise, wie Vater an alles seinen Maßstab legte, konnte man erkennen, dass es die Tatkraft eines erfüllten Wunsches war, die da unermüdlich wirkte. Überall war sein klarer und praktischer Sinn zu spüren. Bald standen die Ackerwagen am Hofe in Reih und Glied, die Ställe waren geweißt, jeden Samstag der Hof gekehrt, die Pferdegeschirre blitzten, der Dunghaufen war winklig und gerade, die Blitzableiterkugeln erneuert, die Pferde gestriegelt und gebürstet, und ganz allmählich wurden die Felder sinnvoller bestellt und ertragreicher. Schmied und Wagner bekamen Arbeit, in den langen Leitern der Getreidewagen blitzten neue Speichen aus Akazienholz, ebenso in den Rädern - die Ränder der eisernen Reifen waren noch bläulich vom Schmiedefeuer. Die frischen Beschläge der Wagendeichseln und Fahrgestelle waren schwarz lackiert, und wo die Eisen besonders gut sitzen mussten, waren sie glühend aufgebrannt worden. Lange noch sah man die Brennspuren auf dem gelblich-grünen elastischen Akazienholz. Am Samstag zogen die Kutscher die Geschirre über die Deichseln und putzten Leder und Messing. Der jüngste Kutscher, ein 17- oder 18-jähriger Bursche, führte ein Gespann schwerer Belgier mit gestutztem Schwanz. Sein besonderer Stolz war es, dass er das Gespann mit dem Stoßzügel lenken konnte. Es waren schwere, aber temperamentvolle Pferde. Sie zu beobachten, wenn sie fast auf den Knien unter den anfeuernden Rufen des Burschen eine Dreschgarnitur aus ihrer wochenlangen Stellung zogen, war ein großer Augenblick.

Den Sommer hindurch trieb ein alter Hirte, der zuvor Jahrzehnte Pferdegespanne geführt hatte, die Kühe, Kalbinnen und Kälber hinaus, einen Weg zwischen Hecken entlang, hinter denen sich zu beiden Seiten ein großes Kleefeld erstreckte.

Das Vieh weidete draußen in dem kleinen Akazienwäldchen, auf dessen Boden üppiges zartes Gras wuchs. In den Sommerferien, wenn die Champignons kamen, mussten wir der Herde voraus sein, um schnell die bekannten Stellen nach den saftigen großen Pilzen abzusuchen. Hinter dem Vieh her zog ein Ochse einen Wagen mit einem Fass voll Wasser, das der Hirte den Tag über in eine Holzrinne laufen ließ, damit das Vieh etwas zu trinken hatte. Barfuß durften wir nicht über den Waldboden laufen, so wie wir es im August auf den Stoppelfeldern taten. Zu viele trockene dornige Akazienzweige waren darauf verstreut.

Die gelbgescheckten Ochsen waren zwar langsam und weder durch Zuruf noch durch einen Peitschenschlag merklich anzutreiben, doch waren sie unentbehrlich auf dem schweren Boden, wenn besonders tief gepflügt werden musste. Jedes Paar Ochsen hatte seinen festen Gespannführer - es waren ältere Männer, selbst schon etwas behäbig geworden, vielleicht auch ein wenig müde, aber vertraut mit der Erde und zuverlässig.

Ein Ochse, erinnere ich mich, genoss eine Sonderstellung. Er war den Alleingang gewohnt und musste es sich gefallen lassen, dass er tagelang ein knatterndes und fauchendes Ungeheuer hinter sich herzog, das zwar zum Selbstfahren eingerichtet war, aber versagte, wenn es auf der feuchtklebrigen Erde inmitten des Hopfengartens vorankommen sollte. Es war diese seltsame Hopfenspritze, mit der Vater Jahr für Jahr der Roten Blattlaus den Garaus machte. Eine besondere Gabe der Natur zeichnete diesen einen Ochsen aus: Seine Hörner waren im Gegensatz zu denen der anderen ganz rund heraus aus dem Schädel und kreisförmig wieder zurück gewachsen. So streifte er nur die aufwärts wachsenden Hopfenreben und konnte den feinen Draht nicht durchreißen, an dem sie sich emporrankten. Sein Gespanngefährte indessen ruhte im Stall aus.

War die Hopfenernte herangekommen, die Baracke mit den Hopfenpflückern belegt, die jährlich zur Saison kamen, war das für die Landschaft die große und traurige Zeit. Die Erde gab ihr Bestes: große zartgrüne Hopfendolden von würzigem Duft und fast so groß wie Kiefernzapfen. Jahr für Jahr vollzog sich dasselbe Wunder: Bis zum Herbst wuchsen regelmäßig hohe, rechteckige Wäldchen von Hopfenreben heran, die dann Zug um Zug in sich zusammenfielen, wenn der Draht vom Pflücker durchrissen wurde. Kahle Masten und Drähte, ein leeres rechteckiges oder quadratisches Netzgeviert blieb und zerschnitt das Grau des herbstlichen Himmels in unzählige Felder: ein riesiges vergilbtes Spielbrett, auf dem die Krähen saßen. - Solange aber unter dem Geflecht des dicken tragenden Drahtes emsig gepflückt wurde, sprach niemand vom Herbst. Ein fast hektischer Betrieb herrschte im Hopfengarten. Zwischen drei nach oben zusammenlaufenden Stangen hing der Sack für den frisch gepflückten Hopfen. Daneben stand ein großer flacher Blechbehälter, in dem sich das Maß für den Hopfen befand. War es gefüllt, bekamen Pflücker und Pflückerin ein ‚Blechl'. Es verschwand in einem um den Hals getragenen kleinen Beutel, um am gleichen Tag, wenn es Feierabend geworden war, unter Vaters Aufsicht in bares Geld getauscht zu werden.

Jeden Tag saß ich auf dem Plateauwagen, der ständig hin- und herfuhr zwischen Hopfengarten und Hopfendarre. Was war das für eine geheimnisvolle Welt, diese Darre, in der die Dolden so federleicht wurden, dass man eine Handvoll kaum spürte! Was für ein herber Duft! Stockwerk für Stockwerk kam der Hopfen näher an die Hitze, bis er auf großen Schütten herausgezogen wurde. Über einen Steg von Haus zu Haus trugen zwei Männer den Hopfen hinüber, wo die Dolden wenig später von einem Mann in Riesensäcke, Ziechen genannt, gestampft wurden. Gelber, würziger Staub lag in der Luft. Hart waren die Ballen, wenn sie, aus der Öffnung im Fußboden gelöst, in die untere Etage fielen und dort vernäht und gekennzeichnet wurden.

Die Rüben und die späten Kartoffeln wurden im diesigen Grau des Oktober- und Novembernebels geerntet, und auf den Wagen standen, wenn sie hinausfuhren, Kannen mit heißem Kaffee. Der Frost war über dem Boden schon da, und er bannte zum Morgen den Nebel auf das Rübenblatt, die beladenen Wagen, die

Kanten der aufgeackerten Schollen und die Nüstern der Pferde. Die Feldwege waren nass und lehmig, zerfahren von den Kastenwagen mit den Rüben und leicht gehärtet die Furchen schon gegen Abend. In Stall und Stube war es warm. Deutlicher als im Sommer war das Blöken der Rinder zu hören. Mutwillig schlugen die Pferde an die Planken und Balken, wenn sie den letzten Dung auf die schon zart verschneiten Felder gefahren hatten.

Irgendwo in einer geschützten Ecke wurden Akazienstämme zersägt und zerkeilt, die über den Schnee von den zwei Belgiern an Ketten vom Busch hereingezogen worden waren. Oft kreuzte ich die Spuren der Stämme, wenn ich Späne und Scheite holte, um sie in die große Öffnung am Küchenherd zum Trocknen zu legen. Bald roch die Küche nach dem verfliegenden Saft aus dem Holz der Akazien.

Und so rundete sich das Jahr und eines Tages das letzte dort.

Rudi, der Sammler

Rudi war ein breitgewachsener Junge mit einem runden Gesicht, das durch einen weich und fein geschwungenen Mund, große braune Augen, dunkle buschige Augenbrauen und hier und da durch Sommersprossen gezeichnet war. Sein Haar war braun, dicht gewachsen und links gescheitelt. Die Augen hatten einen auffallenden Ausdruck von Verträumtheit; sortierte er aber seine Sammlung, dann glitzerte in ihnen eine fast grenzenlose Abenteuerlust.

Rudi wohnte in einem langgestreckten, niedrigen Haus, damals nur mit seiner Mutter und seinem Großvater. Zwischen der Schmiede und einer langen, grauen Mauer auf dem Grundstück der Eltern war Rudis Welt. Das Elternhaus war auf dem Stückchen ebene Erde vor dem jähen Abhang zur Schmiede neben einen großen Bauernhof mit mächtigen Gebäuden hingedrückt.

Die lange, graue Mauer, die gegenüber dem niedrigen Haus stand, gehörte zu einem Stall des Nachbarbauern. Sie schien nie trocken zu werden. So blieb sie recht dunkelgrau. An ihr hatte Rudi seine Sammlung befestigt. Seine stille, intensive

Sorge ließ die Gegenstände kaum weiter rosten; mit Petroleum und Fett pflegte er sie an seinen langen Nachmittagen.

Vier oder fünf Sensen hingen daran, die verschieden aufgebraucht waren. Die erste war sicher einmal einem Bauern verloren gegangen, denn sie war noch breit und kaum abgedengelt. Die letzte Sense war nur noch kurz und nur noch oberes, kantig gebogenes Führungsblech.

Die nächste Gruppe in Rudis Sammlung waren Sicheln, ähnlich angeordnet wie die Sensen, kaum oder fast verbraucht, mit und ohne Holzgriff, zwei davon mit einem beinahe noch starken metallischen Schimmer zwischen dem Rost.

Unter der Sammlung an der langen, grauen Wand stand eine grob gezimmerte Bank und eine zweite ähnliche vor der vorderen Giebelwand des Hauses unterhalb der zwei Wohnstubenfenster, durch die man hinaus auf den Dorfplatz sehen konnte.

Vom Frühjahr an bis in die sonnigen Tage des Herbstes hinein saß dem Stand der Sonne nach Rudis Großvater auf der einen oder anderen Bank. Er zog an seiner Pfeife, drückte die Glut mit dem Zeigefinger fester, hob die Mütze zum Gruß, wechselte im ersten kalten Herbste in seine Ecke am Ofen und rückte seinen Stock zurecht, den er mit der Krücke auf die Bank auflegte, draußen und drinnen am Herd.

Dieser Alte nun vertrat durch einige Jahre Rudis Vater, und zwei oder drei Jahre tat er es kräftig, mit Wort und Tat. Doch als Rudi zehn Jahre alt geworden war, gab es immer weniger Anlässe, ihm nachzuhelfen, denn schon prägte er seine eigene unverwechselbare Welt.

Es musste mit dem kleinen Anwesen nicht mehr so recht gut gegangen sein; denn ansonsten wäre Rudis Vater kaum eine so lange Zeit vor den Tagen des Krieges Soldat gewesen. Seine Anwesenheit während eines kurzen Urlaubs störte fast das gewohnte Bild zwischen Hof und Schmiede. Durch eines verhinderte er aber, dass man ihn im Dorf vergaß. Er wollte, dass Rudi Bruder oder Schwester bekäme.

Und je länger er draußen war, je seltener der Urlaub wurde, je quälender die Gewissheit, es nehme ein schlechtes Ende, umso stärker wurde der Wunsch nach dem Kinde. Und es waren nicht wenige, die fragten, warum wohl an Rudis Vater die Wucht der umgerissenen Welt vorbeigegangen war. Fast scheint es der ungebrochene Friede gewesen zu sein, der in dem kleinen Dorf geblieben war. Wer in ihm lebte, nahm ihn hin und achtete ihn kaum. Aber wer anderes gesehen hatte, in Granattrichter gepresste Häuser, vom Feuer in den Wind gerissenes Gut, war wohl überwältigt von den immerträchtigen Feldern, dem satten Knarren der beladenen Kornwagen, dem Geräusch gespannter Pferde-geschirre und dem Turnen der Kinder auf Karren und Ackerwa-gen. Warum auch immer, Rudis Mutter brachte ihm eine Schwes-ter nach Hause.

Einige Frauen wussten, wann das geschehen würde. So warteten sie und begleiteten die Frau mit dem Kinde in die Stube. Eine von ihnen hatte Rudi an der Hand. Es war die Frau des Gutsverwalters, die immer dann den Jungen zu sich nahm, wenn die Mutter alleine zur Stadt fuhr oder, wie in den letzten Tagen, gar eine Zeit lang fortblieb.

Zwischen den beiden Fenstern hinaus zum Dorfplatz stand ein Tisch, und im Gegenschein des Lichts hing ein Kreuz. Die Frau legte das Kind auf den Tisch und alle sahen es, als sie es von Decken und Tüchern befreit hatte.

Rudi kam herein, kniete sich auf einen der Stühle und alle spürten, dass seine Erwartung mehr angelernt war als herzlich. Hinter dem Fenster draußen sah er die Schildmütze des Großva-ters. Er drängte sich herunter vom Stuhl und schlüpfte zwischen den Frauen hindurch. Stuben- und Haustür waren noch offen. Die Gattertür schlug, und er sah, dass Großvater wie immer an der Pfeife zog. Die Frauen gingen an ihnen vorbei und trennten sich nach und nach auf dem Dorfplatz. Da erhoben sich Großvater und Enkel und gingen miteinander zu dem Tisch unter dem Kreuz, um auf ihre Art dem Kinde und der Mutter willkommen zu sagen.

Hans, des Gutsverwalters Sohn, hatte, seit Rudi unter dessen Mutter Obhut gewesen war, Freundschaft mit ihm geschlossen. Was ihm aber fehlte, war Rudis Abenteuerlust, die nicht wahrhaben wollte, dass eine Waffe zum Töten, eine Phosphorbombe zum Niederbrennen und ein Flugzeug zur Zerstörung da war.

Und deshalb durchzuckte es ihn, als er in Rudis Sammlung eines Tages eine blinde Eierhandgranate fand, die eine Bodeneinheit der Fliegerabwehr irgendwo liegenlassen hatte. Sensen und Sicheln rosteten in kurzer Zeit. Streifzüge über die Felder und durch den Akazienbusch nahmen Rudis ganze Zeit in Anspruch. Er bündelte Leichtmetallstreifen, die von den Flugzeugen abgeworfen auf den Äckern lagen, und wickelte besonders lange zu Rollen und war immer auf der Suche nach einem Fund, seit Flugzeugverbände über das Dorf hinweg die Stadt anflogen.

Hans war nie dabei, wenn Rudi hinausging; darin trennten sie sich so vollends voneinander, dass die Begegnung, wenn Rudi davon gepackt war, fast eine feindliche Kälte aufkommen ließ, dass es nur noch den Weg voneinander fort gab.

Die kleine Sieglinde war noch kaum eine Woche zu Hause, da zerrten Krämpfe an ihrem kleinen Körper, bogen und krümmten ihn, ließen sie gequält anlaufen, so dass die Mutter und die Verwaltersfrau vor diesem Anblick erschraken. Und die Begegnung der beiden Frauen glich etwas aus von der Einsamkeit der Nächte mit dem gemarterten Kinde. Der Arzt, am Tage zweimal zur Stelle, blickte ratlos, nach vielen Versuchen zu helfen, auf das Kind, wenn es, damit er es besser sehen konnte, auf dem Tisch unter dem Kreuz lag. Und schweren Herzens entschloss er sich, seine Ohnmacht der Mutter zu offenbaren.

Die Ereignisse überschlugen sich draußen an der Front, und kaum eine Stadt war sicher vor Bomben; und zu oft lag die Stadt unter dem Kurs der Flugzeuge.

Und wie oft in solchen Zeiten das Mütterliche zwischen Opfer und Wahnsinn liegt, ging die Mutter mit ihrem erst wenige Tage alten Kind fort aus dem Dorf in die Stadt und nahm unweit der Klinik Quartier in dem Glauben, so dem Kinde beistehen zu können.

Ein Kutschwagen vom Gut brachte sie mit dem Bündel zur Stadt, und sie winkte Rudi, der im Torbogen des Gutes stand zwischen Hans und dessen Mutter. Weit hinten über dem Dorfplatz saß der Großvater, und er schien gebeugter zu sein als sonst, die Augen waren verdeckt vom Schild der Mütze und Winken war nicht seine Sache.

Es kam der Sonntag der Woche. Der Morgen war schon reifend warm. Das Blau des Himmels stand in allen Stuben selbst vom Norden her, und auf den Höfen standen die beladenen Kornwagen, die Deichselketten noch daran, wie eben erst ausgespannt. Hans sollte an diesem Tage mit den Eltern hinüberfahren ins nächste Dorf. Rudi hätte mitfahren müssen, denn sein Großvater konnte ihn, seit er die Streifzüge durch die Umgebung unternahm, nicht mehr so recht zügeln. Später gab es viele Fragen nach der Ursache, warum Rudi zurückgeblieben war.

Sie mochten etwa eine Viertelstunde gefahren sein - sie waren schon jenseits des Bahnübergangs vor den ersten Häusern des Nachbardorfes -, da schlug eine kurze, stumpfe Explosion an ihr Ohr. Die Züge der Verwaltersfrau wurden ganz plötzlich müde, und aus einer unbegreiflichen Berührung heraus sagte sie: „Rudi." Niemand widersprach. Und sie befahl umzukehren.

Noch bevor sie die Serpentinenstraße hinauffuhren, sahen sie oben am Transformatorenhaus erregte Menschen stehen. Hinter diesem fensterlosen, spitzgiebligen Haus, hart am Rande zum Abhang hin, wo die Kirschbäume standen, lag Rudi mit zerrissener Seite tot an einem Markstein.

Die sonst die roten Hörner bliesen nachts, wenn alles schlief und die Sirenen von der Kreisstadt her mit dem Winde herüber heulten, holten eine Bahre, legten Rudi darauf und verdeckten die Wunde mit einem Akazienzweig. Der Zug ging die lange Straße hinauf zum Dorfplatz. Trocken und steinig war die breite Rinne, wo das Wasser floss, wenn es regnete. Lehmiger Staub lag über der Straße, hier und da eine Weizenähre am geschnittenen Halm.

Sie sahen den Alten auf seiner Bank erst, als sie auf die Gattertür zugingen. Er saß im Schatten vor der langen, grauen Mauer unter den Sensen und Sicheln, unter dem stumpfen Schimmer der Aluminiumstreifen und unter der blinden Eierhandgranate. Schwer erhob er sich von seiner Bank. Die Männer setzten die Bahre ab, und der Großvater ging, als wüsste er alles, hin zu seinem Enkel, legte zu seinen Füßen den Stock quer über die Bahre, nahm die Mütze vom Kopf und schloss Rudi die Augen.

„Tragt ihn unter das Kreuz", sagte er.

Sie kannten die Stube. Die Türen standen offen. Es sollte die Wärme des Sommers in die Stube ziehen. Die Frauen rückten den Tisch zur Seite, und mit dem Kopf kam Rudi in die Mitte zwischen die Fenster.

Jetzt erst sah der Großvater fragend die Männer an, die seinen Enkel getragen hatten.

„Er hat eine Handgranate an den Markstein hinter dem Transformatorenhäuschen geworfen", sagten sie.

„Er sammelte so etwas in der letzten Zeit", sagte der Alte.

Allmählich wurde es leer in der Stube. Nur der Alte und die Verwaltersfrau standen an der Bahre. Ihr blieb es, in die Stadt zu fahren und der Mutter zu sagen, was geschehen war.

Sie traf die Mutter am Bett der toten kleinen Sieglinde.

Die Frau mit dem Stern

In den letzten Märztagen des Jahres 1944 wurde in einem Dorf an der Eger eine alte Frau begraben, die man ertrunken aufgefunden hatte. Alle Nachforschungen brachten kein Ergebnis: Name und Herkunft der Frau blieben verborgen.

In diesem Jahr war der März fast schon so warm wie der Mai. Die Schotterhaufen am Rande der Straße waren schon durch und durch getrocknet, die Rasenflächen längst schon mit dem Winde abgebrannt, damit das Gras ungehindert wachsen konnte. Die Scheibeneggen holperten über hart gewordene Schollen: Die Märzsonne lag auf dem schweren lehmigen Boden und zog das Wasser aus der Erde, nahm es fort von den Baumstämmen, wo der Schnee gelegen hatte. Nach solchem März konnte es wiederkehren und sich in eisigen Graupeln auf die junge Saat herunterstürzen.

An einem dieser Märztage kam den Kindern auf ihrem Schulweg eine schwarz gekleidete alte Frau entgegen. Sie hielt den Kopf ungewöhnlich nach vorn geneigt und verbarg so fast völlig ihr Gesicht. Erst als sie sich den Kindern näherte, sah sie sie in langsamen Schritten verweilend an. Eine verstaubte Mütze bedeckte ihr Haar. Die kantigen Steine, der scharfe Splitt am

Straßenrand hatten ihre hochverschnürten Schuhe abgestoßen und abgerieben. Mit der linken Hand hielt sie eine große schwarze Handtasche. Den Unterarm starr angewinkelt, die Finger gekrümmt, presste sie sie an die Brust.

Die Kinder blieben stehen. Der eine ließ den Stein fallen, den er eben aufgehoben hatte. Der andere hielt inne, einen dürren Zweig vor sich herzuschieben, und der Staub legte sich auf die Schuhe der Umstehenden.

Dann sagte der Anführer: „Wenn wir sie wieder treffen, drängen wir sie in den Straßengraben."

Sie wussten, dass es widerspruchslos auszuführen war, wenn die Frau wiederkam. Der eine schob den Zweig wieder vor sich her und wirbelte den lehmigen Staub auf. Der andere bückte sich nach einem Stein und warf ihn von der einen Hand in die andere.

Am nächsten Morgen, als sie sich nach und nach versammelten, um den Weg wie immer gemeinsam zu gehen, lag eine ungewohnte Spannung in ihren Gesichtern.

Sie trafen sich nie, ohne auf irgendetwas gespannt zu sein. Täglich sahen sie hinter sich, sahen auf die einmündenden Straßen oder tief in die Höfe des Nachbardorfes, ob nicht ein Wagen mit Pferden in die Stadt fuhr. Wenn ja, dann kletterten sie von allen Seiten darauf, und wo sie sonst einen steilen, fast weglosen, vom Regen aufgespülten Berg hinaufkletterten, fuhr der Pferdewagen links in einer weiten Kurve die Straße zum Schul- und Kirchdorf.

An diesem Morgen nun war der abenteuerliche Reiz des immer wieder neuen Altgewohnten blass geworden. Zunächst war es nur die Erwartung, ob sie die Frau wiedertreffen würden, die sie unendlich erregte.

„Sie kommt, ich sag's euch!"

Das war es, was sie alle mitnahmen aus dem Mund des Anführers, bevor sie in die Schule traten. Und sie glaubten es ihm, wie sie ihm alles andere glaubten. Und so belastete er sie alle mit seinem Plan. Da war mehr im Spiel als nur ein Streich. Das war anders, als wenn sie eine Feldhacke versteckten oder ein paar Pferde angingen, um sie zu erschrecken.

Sie ahnten, dass diese Frau schutzloser war, machtloser, als es ihnen je begegnen konnte. Das weckte das schlechte Gewissen, legte aber doch eine Spannung in sie, die sie aufreizte und verwandelte.

Einer von ihnen jedoch begann nachzudenken über diese Frau. Er rief sich die erste Begegnung zurück und forschte nun, da er das Gesicht dieser Frau wieder vor sich sah, in ihren Augen. Nun glaubte er zu sehen, was ihm auf der Straße entgangen war. In den Blicken der Frau war etwas, was ihn an seine Großmutter erinnerte, wenn sie sich in ihrer Hilfsbedürftigkeit zu ihm herunterneigte, um ihn um etwas zu bitten. Er war dann immer widerspruchslos gegangen, hatte ihr das Wollknäuel aufgehoben oder hatte ihr, als sie sich den Arm gebrochen hatte, tragen geholfen. - Doch um was bat die Frau auf der Straße? Warum war sie nicht auf sie zugegangen? Warum hatte sie nichts gesagt? Und so vermischten seine Gedanken die Erscheinung am Straßenrand mehr und mehr mit seiner Großmutter.

Dass sie kommen würde, das war auch ihm seltsam gewiss. Und wenn sie wiederkam, ihnen wieder erschien, dann wollte er es als Bestätigung nehmen, dass sie ihn und die anderen suchte. Und da dachte er daran, was sie vorhatten und dass sie mit dieser Absicht die Bitte der Frau bereits abgeschlagen hatten. Und so blieb nur er, der bereit war, sie anzuhören. Doch wie sollte er es anstellen? Er fühlte sich schwach: Mit Worten war nichts zu erreichen. Er musste also mitten hineingehen, wenn sie die Frau bedrängten und tun, was ihr helfen konnte. Er wusste aber gleich, dass er sie nicht fernzuhalten vermochte von der Frau, doch vielleicht kamen sie zur Besinnung, wenn er ganz plötzlich zwischen ihnen der Frau gegenüberstand und sie ansprach oder ihr die Hand entgegenstreckte.

Er erschrak, als ihm bewusst wurde, wie weit er plötzlich von den anderen entfernt war, welche Kluft sich zwischen ihnen befand. Zunächst blieb er auf diesem Weg nach Hause ein paar Schritte zurück und erst, als sie das Nachbardorf hinter sich gelassen hatten und die Stelle, wo die Frau kommen musste, immer näher kam, dachte er nach, was er tun konnte. Doch da wandte sich der Anführer ihm zu. Und es schien, als habe er seine Gedanken erraten.

„Du wirst als erster am Straßenrand gehen!" sagte der Anführer.

Das hieß, gerade ihm wird sie ausweichen müssen hinunter in den Graben. Und während die Anordnung vorgenommen wurde, richtete sich in ihm wieder der Vorsatz auf, die Frau zu schützen. Wie konnte er es tun, da sie vor ihm in den Graben weichen musste? Hinabstoßen *und* schützen? Und er fühlte sich leichter bei dem plötzlichen Gedanken, bei der bösen Tat wenigstens etwas Gutes zu sagen.

Sie bildeten eine Reihe schräg über die halbe Straße und gingen auf die Stelle zu, wo die Frau kommen musste. Die Straße war vor ihnen in einen Hügel geschnitten und bog dahinter nach rechts ab.

Je näher die Frau kam, umso mehr hob sie den Kopf und wandte ihr Gesicht den Kindern zu, und für einen Augenblick schien sie zu hoffen, sie gingen ihr bereitwillig entgegen. Er sah eine tiefe Enttäuschung auf den Zügen der Frau; sie machte das Gesicht schwer, und der Kopf sank herab. Sie wandte ihn etwas nach rechts. Noch bevor sie ihm ausweichen musste, glitt sie in den Straßengraben und setzte dort ihren Weg fort.

Er konnte die Frau nicht mehr sehen, doch war er ihr noch am nächsten von allen. Da sagte er, nach links gewandt: „Großmutter!" Und aus seinem unbewussten Glauben an Worte rief er laut: „Großmutter!" Vielleicht hörten sie auf ihn und ließen ab von der Frau.

Aber da rief der Anführer: „Reißt ihr die Tasche weg!"

Mit groben Stichen war auf den Mantel nur an drei von fünf Spitzen ein gelber Stern befestigt.

„Jude, Jude!" schrien sie und drängten an die Frau heran, schoben sie aus dem Graben und stießen sie über die Straße.

Hinter ihr fiel ein steiler Hang ab an die Wurzeln alter Akazien. Der Grund, auf dem die Bäume wuchsen, war auf gleicher Höhe mit dem Ufer der Eger, die kaum hundert Meter weiter hinter hochaufgewachsenen Gräsern und Schilf floss.

Er sah, wie sie zu einem Schotterhaufen liefen und nach Steinen griffen. Nur für kurze Zeit, und auch nach ihm würden die Steine geworfen werden.

Die Frau stürzte den Abhang hinunter, und der Bogen der Steine reichte weit von der hohen Straße her. Er sah kein Blut an ihr und hätte schwer sagen können, ob sie ein Stein auch wirklich getroffen hatte.

„Jetzt kommst du dran!" rief der Anführer zu ihm hinüber. Die Steine änderten die Richtung, und es blieb nur die Flucht: am schnellsten hinunter zu den Akazienbäumen, wohin sie die Frau getrieben hatten.

Unten lief er in die gleiche Richtung, wohin die Frau entkommen war. Nach einem Stück Weg über Gras und Äste sah er sie zwischen Schilf. Und er rief wiederum „Großmutter", „Großmutter".

Als ihn die Frau sah, lief sie weiter. „Warte!" rief er. Sie hörte nicht auf ihn.

Noch bevor er herangekommen war, hörte er die Frau in den Fluss fallen. Das Schilfrohr schlug in heftigen Bewegungen aneinander, schwankte und stand, als wäre nichts geschehen. Er teilte das Schilfwerk und sah, dass das Wasser noch in flachen Wellen an das Ufer drängte. Ein abgeschälter grauer Ast ragte aus dem Wasser hervor. Unter ihm überschnitten sich die Wellen. Er sah an ihm hinauf und gewahrte daran den abgerissenen Stern, dunkelgelb und nass.

Dann sah er auf den Fluss, um die Frau zu suchen. Er sah, wie das reißende Wasser die Wellen wegwischte und an dem Ast zerrte. Ihm war zumute wie nach einem furchtbaren Traum, von dem nichts geblieben war als ein Schrecken, dunkel und schwer. Es war still, nur unter seinen Füßen knisterten trockene Zweige, und das Wasser rieb sich mit einem Zischen an Wurzeln und Gras; es stand noch hoch von der Schneeschmelze her.

Die Strömung hatte die Frau fortgerissen, hatte sie in das Flussbett gezerrt, und er war machtlos gegen die Gewalt des Wassers. Er erinnerte sich daran, wie der Fluss ein Pferd mit sich gerissen hatte, als es zu weit abgekommen war von der Furt. Wie nun sollte er da helfen?

Und wieder war ihm wie nach einem Traum: Als ob die Frau aus dem Wasser gestiegen wäre, um sich wieder hineintreiben zu lassen. Ihn schauderte, als er den Stern wieder erblickte, der keinen Zweifel daran ließ, dass hier etwas geschehen war, worüber er vielleicht nie hinwegkommen würde. Er tastete sich an das Wasser, zog den Ast heran und nahm den Stern auf. Oben waren sie lärmend weiter gezogen.

Zu Hause trocknete er den Stern unbemerkt in der Sonne, damit er augenblicklich verbrannte, wenn er ihn ins Feuer warf.

Bericht

Es ereignete sich im Frühjahr 1946. Mit kommissarischen Vollstreckern und grellen Binden an ihren Armen, aus Gaststätten mit provisorischen Schildern wuchs ein unendlicher Schatten über das Land und seine Menschen.

Selbst in den Jahren des Krieges wogten die Ähren, streifte der Wind reifend das Korn, stahl sich die Sonne durch die sich aufwärts schlängelnden Hopfenranken auf die Straße, auf das Rübenfeld, je nach der Stunde des Tages. Was der Krieg nicht vermocht hatte, schafften die Mächte danach mit Willkür und Wandel. Die Felder verwilderten, die Bauernhöfe starben aus, Dienende schob man ins Herrschen.

Mitten in dieser Zeit wurde Vater schwer krank. Der Arzt wies ihn ins Krankenhaus der Kreisstadt ein. - Doch er war dort ein Geächteter, einer von vielen. Er trug die weiße Binde als Zeichen der Ächtung am Arm, als Mutter ihn zur Abfahrt ins Krankenhaus angezogen hatte. Die Kutsche wurde angespannt, und ein verängstigter, sorgenvoller Zug trabte die Serpentinenstraße hinunter. Vom Küchenfenster aus sahen wir Kinder unten auf der Straße noch geraume Zeit die Kutsche mit Vater und Mutter und dem Mann auf dem Kutscherbock - schließlich nur noch drei ineinanderfließende Gestalten, helle, frisch gewaschene weiße Binden am Arm.

Dieses Zeichen brannte auch auf meinem Ärmel, und es brannte noch, wenn die Jacke draußen im Vorzimmer auf dem Kleiderhaken hing und wir auf den Knien, Abend für Abend, um Gottes Barmherzigkeit beteten und Marias Fürsprache erbaten: „Unter deinem Schutz und Schirm bitten wir dich, du heilige Gottesgebärerin ..."

Die ersten Wochen durfte Mutter nur selten hinein in die Stadt. Das Stück Papier, das sie ungehindert hätte alle Kontrollposten passieren lassen, entfaltete seine unumschränkte Macht über Vaters Leben, Mutters Herz und unsere unbestimmte, ängstliche Sorge.

Es waren sicher fünf Kilometer zur Stadt, auch wenn Mutter den kürzeren Weg entlang der Eger ging. Im Sommer floss die Eger recht flach am Rande des Weges dahin. Und nach der Schneeschmelze sah man mit Sorge den Wasserstand ansteigen, und fast in jedem Jahr trat der Fluss zu dieser Zeit über die Ufer und ließ große seichte Wasserflächen auf den Äckern zurück.

Unsere Fahrräder waren beschlagnahmt worden, so musste Mutter den Weg zu Vater ins Krankenhaus zu Fuß gehen.

Ich erinnere mich, wie Vater nach der Operation, dürftig verbunden, abgeschoben worden war in den großen Saal mit den vielen Betten. Nun war es an ihm, sich zu helfen; nun war es an Mutter, ihn auf eine zeitweilig unerfindliche Weise zu retten.

„Wir können Ihrem Mann nicht weiter helfen. Was wir tun konnten, haben wir getan. Von den Essensrationen, die wir ihm geben dürfen, kann er nicht gesund werden. Wenn Sie ihm täglich ein kräftiges Mittagessen bringen, kann er es schaffen. Von uns aus steht Ihrem täglichen Besuch nichts entgegen - von uns aus ...“

Wie bedeutungslos dieses „von uns aus“, gesprochen von einem ungarischen Arzt, den es hierher verschlagen hatte, war, brauchte Mutter erst gar nicht zu bedenken; denn sie war gewohnt, wie gering die Menschlichkeit veranschlagt war in dieser

Zeit. Und doch richtete sie sich an diesen letzten leisen Worten auf.

Dreierlei musste Mutter erwirken, um Vater helfen zu können. Sie brauchte eine Dauergenehmigung für den Weg in die Stadt, zum Betreten des Krankenhauses und die Erlaubnis, mit dem Fahrrad fahren zu dürfen. Dafür war die eingesetzte Kreisbehörde zuständig. Mit einem zwölf Stunden gültigen Ausweis ging Mutter den schweren Weg zu den Ämtern, denselben, die unsere Ausstoßung betrieben.

Am gleichen Tag noch wollte Mutter mit einer kräftigen Suppe bei Vater sein. Und erst am Abend desselben Tages erzählte Mutter alles, was sie erlebt hatte: Sie hatte gebeten und gefordert zugleich, sie hatte gefleht mit Worten und befohlen mit der Macht ihres Mutes und der Größe ihrer Liebe. Am Ende dieses Ringens hatte sie ein Stück Papier in der Hand, auf das ihre Tränen fielen.

Die Eger brachte das Schmelzwasser hinab in die Ebene, sammelte es auf aus übervollen Gräben zwischen den Feldern und am Rand der Straßen, bis sie es nicht mehr fassen konnte. Sie presste die Fülle des Wassers bis an den Rand des Weges. In der Mitte des Flussbetts jagte das Eis dahin und schlug da und dort gegen Bäume und Brückenpfeiler. All das teils flüsternde, teils jagende Werden der Natur umgab Mutter auf ihrem Weg nach Hause. Noch am Rande des Flusses wurde der Wind kräftiger, er zauste in Böen das Wasser und drückte es, so schien es, zurück ins Flussbett. Er trieb die Wolken steil den Himmel hinauf und hinderte sie, sich in großen nassen Flocken auf die Erde zu schütten. Der Sturm zerrte an Mutters Mantel und trieb ihr die Tränen in die Augen, so lange, bis sie stehen bleiben musste, um die Tränen zu trocknen. Der Sturm entriss Mutter das wertvolle Schriftstück aus der Tasche und trug es flatternd im Bogen ins Tauwasser der Eger.

Steil ging es vom Wegrand abwärts zur Wiese, die jetzt tief unter Wasser lag.

Am Rande einer Eisscholle fing sich das Blatt Papier, und jede Welle schob es weiter und trieb das Stück Eis mit dem Papier der Mitte der Strömung zu. Unberechenbar war das Gelände unter der Wasserfläche, und auf ihr schoben sich geborstene Stämme und Äste. Als ob sie ein nächster wilder Zugriff des Sturmes hinabstieß, stürzte Mutter ins Wasser und zwang ihm das Stück Papier ab. Noch ehe sie sich wandte, bis zur Brust im Wasser, riss ein Strudel die Eisscholle mit sich.

Als Mutter zu Hause ankam, weinend das Blatt auf den Ofen legte und ihre Kleidung wechselte, ahnte ich, was geschehen war. Fast wortlos legte sie uns das Papier vor, damit wir sehen sollten, ob es noch lesbar war. Sie konnte es nicht sagen: Selbst hinter den verschwommensten Zeichen hätte sie den Text gesehen, sie konnte ihn auswendig.

Die Suppe war gekocht, und Mutter war bereit zur ersten von vielen täglichen Fahrten. Nicht grollend, ehrfürchtig und dankbar schob ich, nachdem ich die getrocknete „Propustka", den Schein, mit dem ihr erlaubt war, ins Krankenhaus zu fahren, vorgezeigt hatte, Mutters Fahrrad vom Hof der kommissarischen Gemeindeverwaltung, „Narodny Vybor" genannt, brachte es halbwegs in Ordnung und winkte Mutter nach. Und wie damals, als Vater ins Krankenhaus gefahren wurde, blieb mein Blick noch lange haften an der weißen Armbinde an Mutters Arm.

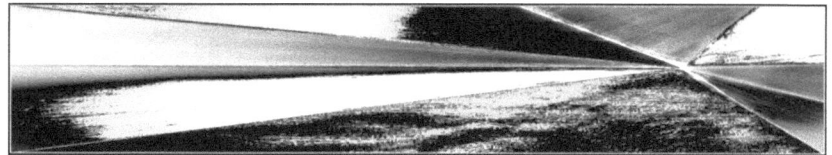

Fort und verlassen

Die Worte sind stumpf, sie heilen und töten nicht mehr. Vier Tage und drei Nächte in einem Viehwaggon samt Hausrat, Bruchstücken einer Habe, von denen fast jedes auf ein zurückgelassenes angewiesen ist.

Im Bettsack vertickt die Küchenuhr.

Ich erinnere mich an die ersten Handgriffe an Koffern und Kisten und an den schweren Blick der Frau über die schlafenden Kinder.

Der Morgen dämmerte. Vor einen Leiterwagen wurden Pferde gespannt, die Habe von Männern in Uniformen mit Waffen gesichert. Wir waren wie Mechanismen, die funktionieren, ob sie auf dem Kopf stehen, hängen oder umgeworfen werden.

Der Zug tastet sich über halbzertrümmerte Brücken. Rechts und links hängen die Eisengerippe über dem Fluss.

Ich habe Hunger.

Ich esse mein bisheriges Leben.

Das Schlagen der Räder auf den Schienen, das Beben der Bretter verschlingt Gesprochenes. Die Türen sind zugeschoben: Die Nacht ist kalt vom Fahrtwind.

Ich horche.

„Vater ... du bist ... zu uns ... dein Wille ... auf Erden ... gib uns ... Schuld ... wir vergeben ... führe uns ... erlöse uns ... Amen."

Was ich höre, ist nicht so, wie das Jammern der Kinder war, wie die Seufzer der Mütter und die zögernden Flüche der Männer. Das war alles ohne Sinn, denn es antwortete nichts.

Ich will die Lippen sehen, die die Worte formen. Ich achte nicht auf das Verbot des Transportführers und zünde einen Kerzenstummel an.

Noch nie habe ich jemanden so rücksichtslos beten sehen.

Die Kerzenflamme streckt sich. Der Schatten meiner Bewegungen gleitet über die alten Männer und Frauen, steigt hinauf über die Tür und verschwindet, indem ich mich zurücklehne.

Halb erhobene Hände zittern im Lichtschein. Sie sinken entkräftet tiefer, dann heben sie sich wieder, einige plötzlich und heftig. Sie sind ungeübt.

Ich fasse die Blicke der Beter: Sie suchen, sie kommen zur Ruhe.

Wer hilft mir dorthin, wo die Beter sind?

Die Kerze verlischt. Dunkel umgibt mich. Bald muss es dämmern, denn es kommt kälter durch die Ritzen und Fugen. Aufhellendes Grau zieht an den vergitterten Fenstern vorbei.

Der Zug fährt ins Ich-weiß-nicht-Wohin.

Ein gelungener Streich

Da saß ich doch kürzlich - es war in der verschwenderischen Ferienzeit seines Standes - mit einem Studienrat bei ein paar Schoppen Mosel in einem Cochemer Weinstübchen beisammen. Er hatte alles, was seinen Stand im Augenschein der Schülerschaft kennzeichnet, hinter sich gelassen und glitt mit jedem Schluck, den er genüsslich zwischen Zunge und Gaumen wog, in seine eigene Schulzeit zurück und berichtete mir von einem - wie er es nannte - perfekten Verbrechen, an dem er nicht unmaßgeblich beteiligt gewesen, aber straffrei davongekommen war.

Er nahm noch einen Schluck, sah über den Rand des Glases hinweg und, indem er das Glas behutsam vor sich hinstellte, begann er zu erzählen:

Wieder einmal stand uns eine Klassenarbeit bevor, gerade während der Tanzstundenzeit. Deshalb musste ich mit meinem Nachbarn nach einer Möglichkeit suchen, eine schlechte Zensur zu vermeiden. Der beste Weg, nämlich zu lernen, erschien uns dazumal suspekt. Wir hatten zwar schon manche Stunde über das bevorstehende Thema gehört, aber mindestens ich hatte nichts als dieses behalten. Alle Erläuterungen über die Kräfte, die eine Veränderung der Erdoberfläche verursachen können, hatte ich wie eine unerwünschte Bedrängnis und Ablenkung beiseite geschoben. Galt doch meine ganze Mühe seit Wochen der Verfertigung unserer Tanzstundenzeitung. Der Anblick der mittanzenden Klassenkameraden und -kameradinnen war mir die beste Inspiration.

Ich muss zugeben, dass nicht jede Stunde dafür geeignet war, aber die Deutsch- und Geographielektionen unseres dünnbeinigen, zerbrechlichen Dr. Stephan durften nicht ungenutzt bleiben. Seine unbegrenzte Güte, die er in den verzweifeltsten Augenblicken übte, indem er nur den Zeigefinger erhob und sagte: „Aber Kinderchen, wir wollen hübsch artig sein", hatten wir bis zur Neige erprobt, so lange, bis wir ihrer ganz sicher waren.

Wenn ich seine Stunden in dieser Weise nutzte, so wollte ich ihn gewiss nicht reizen. Er schien sogar meine Tätigkeit zu dulden, so wie ich mich mit dem abgefunden hatte, was er an Tafel und Katheder tat. Er war offenbar zufrieden, wenn Nachbar und Vordermann meine Mitarbeit ersetzten. Als gütiges Entgegenkommen werteten wir auch den Umstand, dass Dr. Stephan die Arbeit rechtzeitig ansagte, rechtzeitig für einen Plan, der schlechten Zensur mit etwas anderem als mit Lernen zu entgehen.

„Ich mach das schon!" sagte mein Nachbar, ein kleines schmalbrüstiges, bebrilltes, aber einfallsreiches Männchen.

„Gut", sagte ich und war sicher, dass er den ganzen Nachmittag damit verbringen würde, einen entsprechenden Plan auszuarbeiten.

Ich wusste, dass dieser Klaus ein findiger Bastler war, und ich erwartete von ihm eine technische Vorrichtung, die ein verborgenes und ungestörtes Abschreiben ermöglichen würde. Ich traute ihm das einfallsreichste System zu. Dass er sich jedoch nicht auf die Technik, sondern auf jene grenzenlose Güte unseres Dr. Stephan verließ, erfuhr ich erst am nächsten Tag.

Als mein Nachbar die Klasse betrat, fiel mir sogleich seine prall gefüllte Tasche auf. Da wir aber nicht in der ersten Stunde schrieben und er Sorge hatte, verraten zu werden, bezähmte ich meine Neugier und war zufrieden, als er sagte: „Alles in Ordnung", und dabei auf seine Tasche schlug.

Noch einen Umstand außer der Güte des Dr. Stephan hatte er einkalkuliert: Wir saßen ganz hinten zu zweit an einem einzelnen Tisch, und es war ein weiter Weg für die Augen und die zerbrechlichen Beine unseres Doktors.

Als die Geographiestunde herangekommen war, begann mein Nachbar das Geheimnis allmählich zu lüften, jedoch immer noch nicht so hinlänglich, dass ich es hätte durchschauen können. Er hatte alles so vorbereitet, dass ich zunächst fast nichts zu tun hatte.

Mit der linken Hand, in kleinen zierlichen Buchstaben hatte Dr. Stephan das Thema an die Wandtafel geschrieben, aus dem mich das Wort „Erosion" feindselig anstarrte. Der Gleichmut meines Nachbarn vermochte etwas von der Spannung zu mildern, in die ich in Anbetracht dieser Stunde geraten war.

Der Mann vorne, der nun seinem Ansinnen Gestalt gegeben hatte, schwang sich - wie mein Nachbar vorausberechnet hatte - mit einer ungewöhnlichen Behendheit auf das hohe Katheder und thronte nun so hoch über uns, dass wir bei dem Gedanken, er müsste herunterspringen, Sorge um seine dünnen Beine hatten. Dass mein Nachbar mit der Gefahr gerechnet hatte, die unserem Dr. Stephan drohte, wenn er öfter auf- und niedersteigen musste, wurde mir erst später klar.

Nun da Dr. Stephan seinen Späherposten eingenommen hatte, zog mein Nachbar ein Buch aus der Tasche, legte es auf die Mitte des Tisches und wies mich an, gleich ihm mit gespieltem Interesse darin zu lesen und dann und wann etwas auf ein Blatt Papier zu schreiben.

Ich weiß es nicht mehr, aber es mochte eine Abhandlung über Seidenraupenzucht (die sein Vater betrieb) oder über das unterirdische Ziehen von Champignons (was sein Vater hinwiederum nicht betrieb) gewesen sein, gleichgültig - mit der Erosion hatte es jedenfalls nichts zu tun. Dann und wann blätterte mein Nachbar demonstrativ in dem Buch und sah unseren Dr. Stephan mit einem Blick gemischt aus Herausforderung und bestem Gewissen wiederholt an.

Bald glitt der so Herausgeforderte von seinem Beobachtungspunkt herab und näherte sich unserem Tisch. Dass dabei den anderen ein Austauschen von Kenntnissen und ein Abschreiben ermöglicht wurde, sei nur am Rande vermerkt zum Ruhme meines Nachbarn. Bei uns angekommen, starrte er auf das aufgeschlagene Buch, stutzte, klappte es zusammen, schob es unter den

Arm, erhob seinen Zeigefinger und sagte, sich rückwärts entfernend, sein „Aber Kinderchen, wir wollen doch hübsch artig sein".

Wie es weiterging? Nun, wie berechnet. Das Gleiche geschah noch mehrere Male, bis ein Querschnitt durch die Bibliothek meines Nachbarn auf dem Katheder lag und, was wichtiger war, unser Dr. Stephan aufgegeben hatte, sich gefahrvoll von seinem Platz herabgleiten zu lassen.

Zum Ruhme meines Nachbarn sei gesagt: Als wir ungestört blieben, nutzten wir die Zeit für eine Abschrift aus dem einschlägigen Kapitel unseres Geographiebuches - freilich nicht Wort für Wort -, die ihre Wirkung nicht verfehlte.

Hier nahm mein Freund beim Wein einen kräftigen Schluck, der ihm den Mund reichlich füllte.

„Wahrhaft ein perfektes Verbrechen", sagte ich und erhob staunend über die Unergründlichkeit des Lehrerstandes mein Glas.

Mein Freund Karl-Heinz

Es hatte zum Ende der Stunde geläutet. Ich packte meine Tasche, bückte mich, um unter die Bank zu schauen, zog ein Stück Butterbrotpapier heraus, richtete mich ein wenig auf und sah ihn vor mir stehen. Es war anders als sonst, nicht so, als wollte er mit mir irgendwelche Nebensächlichkeiten austauschen. Ich sah - noch etwas gebückt - an ihm hinauf. Er war ein langer sehniger Kerl, dieser Karl-Heinz, mit dichtem, kleingelocktem Haar, einer großen gebogenen Nase, einem vollen, geschwungenen Mund und schwarzem Bartansatz, der zum Kinn immer dichter wurde. Er muss sich schon wieder rasieren, dachte ich, und beneidete ihn um dieses Attribut von Männlichkeit, das ihn schon so früh befallen hatte.

„Besuch mich mal heute Nachmittag", sagte er, „Grabower Straße 15." Ich sagte weder ja noch nein.

„Wir haben nur ein Zimmer, meine Mutter und ich. Das darf dich aber nicht stören. Meine Mutter ist zur Arbeit. Wir sind ganz ungestört." Ich wagte nicht zu fragen, was er von mir wollte. Danach fragt man nicht, dachte ich, grübelte aber darüber nach, was er mit mir mathematischem Versager anfangen wollte. Hatten sich doch in der Klasse nur Freundschaften zwischen

Gleichbegabten herausgebildet; und für ihn war doch keine Mathematikaufgabe unlösbar. Und er hatte doch schon einen, mit dem er eine ganze Pause lang über den Lösungsweg einer Aufgabe reden konnte. Dass ich seine Begabung für mich nutzen konnte, diesen Gedanken schob ich schnell beiseite, weil er mir zu egoistisch erschien.

„Ist noch was?" fragte er. Ich musste ihn immer noch recht verständnislos angesehen haben.

„Nein, nein", sagte ich, „ist schon gut. Ich komme. Gegen drei oder vier Uhr?"

„Gegen vier", sagte er. Was hast du denn mit mir vor, wollte ich nun doch fragen, aber da ging er schon zur Tür, wandte sich noch einmal zu mir um, hob die Hand und winkte, wie mir schien, etwas gönnerhaft, indem er mir den Handrücken zukehrte und den ganzen Unterarm zwei-, dreimal hin- und herbewegte.

Was will er von mir, dieser halbarrogante Mathematiker, dachte ich, und war wütend auf die Mathematikeraristokratie in unserer Klasse, die hoch in der Gunst von Lupus stand, wie wir den Mann mit den Formeln nannten. Was habe ich ihm schon zu bieten? Ein paar Gedichte, verfertigt in einer Rumpelkammer und in ein Kontobuch gekritzelt. Meine Schwärmerei für die Wiener Klassik und für Tschaikowsky und meine jämmerlich krächzende

Geige. - Ich erschrak, wie gering ich plötzlich die Dinge achtete, mit denen ich mein eigentliches Leben lebte.

Am Nachmittag holperte ich mit meinem vollgummibereiften Fahrrad zur anderen Seite der Stadt. Inmitten eines großen Gartens fand ich das Haus. Es war schon etwas angegraut, da und dort fehlte ein Stück Putz. Eine große Holzveranda war mit wucherndem, ungeordnetem Grün bewachsen. An einigen schmalen Erkerfenstern waren die Jalousien heruntergelassen. Die großen Fenster waren entweder gar nicht oder nur mit dürftigen Gardinen verhängt. Ich öffnete die quietschende, verrostete Tür, schob mein Fahrrad zum Haus und stellte es ab. Dann stieg ich die Stufen zum Hochparterre hinauf und drückte auf den Klingelknopf: Zweimal lang, zweimal kurz, so stand es auf dem Schild in seiner abgezirkelten Schrift unter dem Namen ‚Tempelhof'.

Niemand kam die Treppe herunter, aber die Tür öffnete sich.

Als ich eingetreten war, erblickte ich einen sinnreichen Mechanismus, mit dem er von oben geöffnet haben musste. Ich sah auf die Uhr. Es war kurz nach vier. Ich erwartete ihn oben an der Treppe stehend, aber sah mich getäuscht. Die Tür zum Korridor stand weit offen, und vom Ende der Zimmerflucht her erklang wuchtig Beethovens Eroica. Leise schloss ich die Tür, ging verhaltenden Schrittes durch den langen Flur an vielen Namensschildern vorbei - so war es damals, als kurz nach dem Krieg große Wohnungen mit vielen Menschen, woher auch immer sie kamen, belegt waren -, bis ich auf eine weit geöffnete Tür stieß, nun ganz umfangen von ‚meiner' Musik.

Ich warf einen Blick in das Zimmer, in dem ich einen begeisterten Fremden vermutete. Aber da stand er, er, Karl-Heinz, mit dem Rücken zur Tür, vor ihm auf dem Tisch ein Grammophon, in der Rechten hielt er einen Taktstock, in der Linken ein broschiertes Bändchen und dirigierte die Eroica.

Es zuckte mir in den Händen, denn auch ich löste mich, wenn ich unbeobachtet war und in mir Tschaikowskys oder Beethovens Fünfte rauschte, auf in die Bewegung meiner Hände und Arme und träumte ein Orchester vor mich hin, das ich grenzenlos beherrschte. Als wollte er mir einen Einsatz geben, zwang er mich an die winzige Partitur, und ich konnte nicht anders als mitzudirigieren, jeden Einsatz mit der rechten oder linken Hand aus dem Raum zu holen, schließlich beide Hände für den letzten Akkord emporzuheben und mit einem Schlag abzuwinken. Wir schwiegen, sahen uns an, seine Augen waren weit geöffnet und leuchteten. Ich musste plötzlich lachen. Seine behaarten Beine steckten in kurzen Hosen, sein lockiges Haar war ihm in die Stirn gefallen. Er strich es zurück, lachte auch und streckte mir die Hand entgegen: Sie war fest und doch feingliedrig, sein Händedruck kurz, warm und bestimmt, meine ganze Hand umfassend.

„Weißt du", sagte er, „als du den Aufsatz über die Iphigenie in fünffüßigen Jamben geschrieben hattest, war mein Entschluss gefasst." Ich sah etwas verlegen drein, denn schon nach kurzer Zeit hatte ich über meinen Einfall, der mir Karl-Heinz' Freundschaft eingebracht hatte, zu lächeln gelernt, glücklich allerdings, dass er gut belohnt worden war, schließlich sogar in zweifacher Weise: mit einer guten Note und mit einem Freund.

Nun holte er ein winziges Akkordeon, auf dem er zwölf Tasten überspannen konnte, und für mich folgte die Aufführung seiner Deutschen Tänze und eines furiosen Vorspiels zum Faust. Dann las er mir Gedichte vor und Auszüge aus unendlich tragischen Schauspielen, in gestochener Handschrift geschrieben und von ihm selbst sorglich handgebunden.

Zwei Jahre vergingen mit solchen oder ähnlichen Begegnungen. Den Mond mochten wir zwar nicht, aber jedes Orchester, das Klassiker spielte, die Elbe, die Lastkähne, unsere Verse, seine Musik, Gewitter und Sturm. Und wir liebten den Traum von einem vollkommenen, uns verstehenden Mädchen.

Mit einem Mal waren wir dann doch fast schon Männer geworden, als jeder seinen Weg gehen musste. Es fing an auf der von Grün überladenen, morschen Veranda, abgewandt von unseren Gedichten, vor uns eine Tischlampe, von Insekten umschwirrt, was wir an anderen Abenden kaum bemerkt hatten.

Er streckte einen Arm aus, jagte eine Mücke fort, klappte den gebundenen Band zu, lehnte sich wieder zurück, sah mich an und sagte: „Ich werde Schwermaschinenbau studieren."

„Du bist verrückt", sagte ich. Er lachte. „Du wirst auch kein Dichter", sagte er.

Von da an lösten wir über Stunden Aufgaben aus der Mathematik.

Die Wandlung

Unser Händedruck war wie der Griff, um den anderen auf die Schulter zu heben. Unser Gespräch begann wie ein Ballspiel. Dann fragte ich ihn: „Woher kommst du?"

Er sagte: „Aus Ostpreußen."

„Und ...?" fragte ich; denn ich hatte bemerkt, dass ich mit meiner Frage etwas in ihm berührt hatte.

„Ich bin der Jüngste von fünf. Zwei Brüder sind im Kriege geblieben. Zwei sind im Westen. Gleich aus der Gefangenschaft dorthin entlassen worden. Meine Schwester ist in den letzten Tagen des Krieges gejagt worden. Sie ist davongekommen. Mit dem Leben. Andere sind noch erschossen worden. Mein Vater ist von daher einseitig gelähmt."

Ich fragte ihn: „Weißt du, was Hass ist?"

Er sagte: „Ja!"

Ich fragte ihn, damals neben der Backsteinkirche schon: „Hast du hassen gelernt, als das war mit deiner Schwester?"

Er antwortete: „Mutter betete."

„Und, was sagte sie, wenn sie nicht betete?" fragte ich ihn.

„Sie sagte, die Kerle, die jungen, sie kennen weder Vater und Mutter noch Gott."

„Und deine Schwester?"

„Sie hatte zwei Fehlgeburten, seit sie verheiratet ist. Es hat keinen Zweck mehr, sagt der Arzt."

„Wie alt bist du?" fragte ich.

„Dreizehn."

„Ich zwölf", sagte ich. „Und damals?"

„Warte mal", sagte er, „ich glaube acht."

„Und woher weißt du alles so genau, das mit deiner Schwester?" fragte ich ihn.

„Wir waren nicht zu halten. Und sie waren richtig kinderlieb. Wir ritten auf ihren Pferden und aßen mit ihnen aus einem Feldgeschirr; Tomaten, Speck und Wasser, alles in einem Topf."

„Das kenne ich", sagte ich, „auch bei uns haben sie es gekocht, mit dem Fleisch von den Schweinen aus unseren Ställen. Es knisterte so, wenn sie mit Stroh die Borsten abbrannten, und es roch im Haus nach Schmalz und gebratenem Fleisch. Mutter hatte eine Flasche Sekt im Keller in Sand eingegraben unter der Leiter zum Luftschutznotausgang. Es war anders, als wenn sie schossen, so als ob man mit der Zunge schnalzt."

„Bei euch war wohl der Krieg nicht mehr?" fragte er.

„Nein", sagte ich, „sie hatten nur Hunger, großen Hunger. Unser Dorf war leer, als sie gegangen waren."

„Da hattet ihr aber Glück", sagte er. „Wir haben das halbe Dorf begraben: Mädchen und Frauen, Männer, die sich davorgestellt hatten."

Ich schwieg. Dann fragte er mich: „Woher kommst du?"

Ich sagte: „Aus dem Sudetenland."

Es war, glaube ich, nur einmal, dass wir darüber sprachen. Es war alles gesagt.

Was dann war, einige Jahre: Es lässt sich schwer sagen.

Wir saßen mit anderen in einem Backsteinturm unter einer Glocke, der kleinsten, die über den Krieg gekommen war, sprachen im Kreis, der sich für uns immer schloss, sangen Lieder, lernten die Saiten schlagen, mühten uns, mit einem Mal die Glocke anzuhalten, ließen uns am Seil emporziehen, meinten etwas anderes in unsere Hände zu legen, wenn wir sie unseren Nachbarn reichten zum Ende der Stunden im Turm unter den Glocken, etwas anderes, als wenn wir mit ihnen über unseren Köpfen unter Tribünen klatschten.

„Du gehst nun", sagte er, als mein Zug einfuhr.

„Ja", sagte ich, stieg ein und konnte nicht anders, als lange zu winken. Damals wusste ich nicht, dass er mir bald nachkommen würde, delegiert zum Studium, wie sie es dort nannten.

*

„Nun werden wir es nicht mehr so weit zueinander haben", sagte er, als ich ihn in mein Zimmer aufnahm. „Erinnerst du dich, wie weit du es hattest entlang der Stadtmauer, bis du in unsere Straße kamst?" Und er erläuterte: „Du weißt doch, Napoleon hat die Straße angelegt, als er einen Nachschubweg für seinen Russlandfeldzug brauchte."

„Ich weiß", sagte ich.

„Nie wieder", sagte er, „soll das geschehen." Ich sah in seine glänzenden Augen. „Und 1939, das war das letzte Mal!" Ich versuchte hinter den Glanz seiner Augen vorzudringen.

„Du bist wohl anderer Meinung?" fragte er.

„Nein, nur ..."

„Das müssen wir begießen", sagte er.

„Was?" fragte ich. Er lachte: „Du stellst aber Fragen!"

„Ja", sagte ich.

*

Wir saßen einander gegenüber, der erste Nikolaschka stand vor uns. Er drückte den Zitronensaft ins Glas, hob es und sagte: „Lass uns darauf trinken!" Er bestellte das zweite, ich das dritte Glas.

„Weißt du noch ...?" begann ich.

Er unterbrach mich: „Ach damals!"

Er lachte darauf und ballte die Fäuste rechts und links vom Glas: „Du wirst noch dahinterkommen." Er hob das Glas.

„Weißt du, wenn die Felder, die Flüsse, die Fabriken, wenn alles, wenn die Menschen frei sein werden überall und die Fäuste der ..."

„Was ist dann?" fragte ich. Er lachte. „Du stellst aber Fragen!"

Ich stellte mein Glas wieder hin. „Wir waren doch mit allem halbwegs zurechtgekommen, damals im Turm", sagte ich.

Er wurde zornig: „Ja und nein!"

„Ich verstehe dich nicht!"

„Dann kann ich dir auch nicht helfen."

Wir zahlten und gingen.

„Da gibt es nichts Halbes. Es geht nun einmal nicht ohne Verpflichtungen, die wir für die Menschen haben, für die Zukunft." Das und noch Ähnliches sagte er mir auf dem Heimweg.

„Und deine Mutter?" hatte ich ihn erinnern wollen.

„Darauf darf ich keine Rücksicht nehmen. Alles geht nun einmal andere Wege."

„Und deine Schwester?" wollte ich nun wissen.

„Wo gehobelt wird, da fallen Späne."

„Und deine Brüder im Westen?"

„Die werde ich nicht mehr sehen", sagte er nur.

Und er hatte gelernt zu sagen, dass wir abseits gestanden hätten damals im Turm, und wir hätten sie zu Unrecht gereicht, die Hände, unseren Nachbarn. Und wir hätten unsere Kraft verschwendet, als wir mit der geballten Faust an die Brust schlugen beim „mea culpa".

Schuldig oder Das Exempel

Losungen und Leistungsdiagramme schwelen im Sog der Hitze: Reste eines gekenterten Schiffes.

Auf den eisernen Löwen brennen die Hände, die Augen auf einer Inschrift in Gold: FRIDERICUS ... REX UNIVERSI-TATI LITERARIAE   FRIDERICIANAE

„Brink und Gerber sind verhaftet." Ich denke: Warum eigentlich nicht ich?

Die es mir gesagt haben, sitzen vor mir auf einer Bank.

„Verhaftet!" Warum? Man muss umdenken: Der Grund wird sich finden. Ich werde ihn finden helfen mit jedem Wort, das ich sagen werde; denn mein Bemühen, die Grundlosigkeit der Verhaftung zu beweisen, belastet die beiden mehr als eine frei erfundene Aussage. Also muss ich sie belasten in der Hoffnung auf die geringste Strafe. Womit eigentlich?

Wer hat sie verraten? Ich suche in den Gesichtern. Sie und ich, wir kennen die beiden am besten, den Brink und den Gerber. Man muss jemanden gut kennen, wenn man ihn verrät, denke ich.

Und ich weiß, irgendwo haben wir alle mit Blut unterschrieben, und eine faustische Bedingung gibt es nicht.

Es muss jemand da sein, der sie ausgeliefert hat, denke ich. Ich kratze die Möglichkeiten des Verrats aus einem Stein, auch wenn ich auf meinen eigenen stoßen sollte.

Die auf der Bank sitzen vor mir sehen auf mein Gesicht. Eine Frage schiebt sich über die andere.

„Von uns ist es doch keiner gewesen?!" höre ich. Zu schnell kommt mir das allgemeine Nein, auch meins kommt mir zu schnell. Ich korrigiere mich wenigstens vor mir selbst: Wer weiß? Den anderen kann ich diese Korrektur nicht zumuten.

Ich sagte: „Es wird sich zeigen." Ein anderer: „Hoffentlich." Wieder ein anderer: „Sicher."

Wir kommen in einen Wechsel von Worten. Die Auswahl ist gering.

Wir nehmen das Misstrauen mit und ziehen es durch die Straßen in das Buch, in dem wir lesen, auf den Teller, von dem wir essen, und in das Bett, in dem wir schlafen, und tasten uns daran entlang von einem zum anderen.

*

Ich gehe meinen Weg über die Saale. Ich wende mich dem Brückengeländer zu und sehe hinunter auf das Wasser. Es steht unter mir wie altes, schwarzes Öl in einer Wanne. Ich gehe ans Ufer und hebe einen dürren Ast auf. Ich will wissen, ob das Wasser fließt: Als ob ein Stundenzeiger an den Ast drückt. Ich denke: Gott sei Dank.

Von der Brücke aus erkenne ich an einem Mauerwerk zugestaubte Striche und Zahlen: 1925, dann nichts mehr. Höhe: 2 Meter. Über mir würden die frischen Tauwasserstrudel ihre Kreisel bohren.

*

Ich stoße die Tür zu einer Gaststätte auf. Zeitungen hängen wie graue, nasse Fahnen an den Garderobenständern. Ein Professor liest eine mathematische Abhandlung im kyrillischen Alphabet. Er ist grauhaarig. Ich weiß mehr über ihn: Er muss sich auf seinem Lehrstuhl behaupten.

Dir kann ich es ja sagen: So fing es an. Ein Blick wie ein Bambusrohr. Mir bleibt: mich würdig zu erweisen. Und so wissen viele über viele mehr, auf dieselbe Weise, von der derselben Handvoll mit dem harten, hohlen, undurchdringlichen Blick.

Was bleibt mir auszusagen?

Ich höre sie: Aber du wusstest doch ... Nun kannst du es nicht verschweigen.

Mir bleibt, mich würdig zu erweisen.

Du hast eine Seele zu verlieren: Ich erinnere mich. Das hat einmal jemand gesagt, bevor ich mit Blut unterschrieben habe.

Ach was, sagte ich.

Ich will noch einmal setzen. Worauf?

Sie wünschen, mein Herr?

Ein Bier und einen Würfelbecher.

Erwarten Sie noch jemand?

Ja.

Zwei Bier vielleicht? Sie verstehen, der weite Weg ...

Ja, zwei Bier, bitte.

Bitte sehr, zwo Bier, mein Herr.

Danke.

Sie hält einen Bleistift in der Hand.

Jeder auf seine Rechnung, sage ich.

Sie macht einen Strich auf den Bierdeckel vor dem leeren Stuhl.

Ich trinke einmal aus meinem Glas, dann aus dem anderen. Ich werfe die Würfel einmal vor mich, dann auf den Platz vor dem leeren Stuhl.

Fast ein Gespräch. Ich lege auf beide Plätze die gleiche Summe. Niemand wollte mir etwas sagen, so bleibt mir erspart, mich würdig erweisen zu müssen.

Ich bin vorgeladen. Wer noch? Also auch davon verspricht man sich etwas. Ich bin des Vertrauens würdig. Was habe ich dazu getan? Es ist immer zu spät.

Er lässt mich auf einer Couch zurück. Hinter einem vergitterten Fenster staut sich Hitze. Ein Telefon steht auf dem Tisch, mir zugeschoben ein Aschenbecher, bis zum Rand gefüllt. Sie können rauchen, sagt er, und: Ihren Ausweis. Dann überschlägt sich der Schlüssel zweimal im Schloss. Ich darf also rauchen. Ich rauche sechs Zigaretten, jede in knapp fünf Minuten. Über mir ein vergittertes Fenster. Ich schätze: 3 Meter. Ich markiere: 1957.

Mein Ausweis, das Alibi, wenn ich ein Bier trinke, ist: Ich weiß nicht wo.

Ich zünde mir die siebente Zigarette an. Siebenmal fünf Minuten denke ich, bis der Schlüssel die erste von drei Stunden öffnet.

Der Mann setzt sich ans Telefon, hebt den Hörer ab und wählt eine Nummer: Ich fange jetzt an, höre ich, und sehe den Ausweis, mein Alibi, wenn ich ein Bier trinke, in seiner Hand. Er legt den Hörer auf, blättert, stülpt seinen Blick über mich und sagt:

Sie sind Wolf Peiker.

Ich sage ja, er vergleicht mich mit dem Bild im Ausweis. Dann sagt er: Geboren am ...

Ich unterbreche ihn: Ja.

Er sagt ... am 15.6.1935 und fragt: Wo?

Ich sage: In Herbach.

Er: Aha.

Ich drücke mit meinem Blick auf die Pistolentasche. Sie gibt nicht nach.

Das Telefon rasselt. Er blättert. Das Telefon rasselt noch einmal. Er hebt ab und sagt: Ja. Dann steht er auf, drückt meinen Ausweis in eine seiner Uniformtaschen und sagt: Einen Moment. Fünfmal eine Zigarette, jede in knapp vier Minuten, bis er wieder kommt. Er hebt den Hörer und wählt: Ich mache weiter, und legt auf.

Sie wissen ja, warum ...

Ja, sage ich.

Wussten Sie auch, dass Brink und Gerber ... Er lässt mich zögern. Sehen Sie mal, vier Jahre, da müssen Sie doch ...

Ja, sage ich, aber ...

Das werden Sie doch nicht behaupten wollen!

Was? frage ich.

Er wartet, ob ich meine Situation erkenne.

Hier frage ich, sagt er.

Ich versuche, mich darauf einzurichten: Es ist alles bereits ausgemacht.

Also? sagt er.

Wir haben zusammen - aber da waren immer mehrere dabei -

Wer? fragt er.

In den Jahren eigentlich alle mal.

Er notiert und sagt: So?

Ja, wir haben zusammen gegessen, mal ein Bier getrunken und dabei ...

Na also, sagt er. Er notiert und sagt: Na, sehen Sie, nun kommen wir doch schon weiter. Er sieht auf: Nun erzählen Sie mal.

Wir haben über alles Mögliche gesprochen. Es ist schwer, sich darauf ...

Aber wir wissen doch, was so unter Studenten ...

Na ja, sage ich.

Na, sehen Sie, unterbricht er und atmet erleichtert auf.

Ich will einwenden: Aber ...

Sehen Sie, wir haben die beiden auch schon gefragt.

Ja, aber ...

Sie geben doch selbst zu ...

Ja, aber das war nie so ...

Wir werden ja auch noch andere vorladen, alle werden wir vorladen.

Er fragt weiter: Sie haben also zusammen gesessen und diskutiert. Wir kennen das. Und da sind Brink und Gerber kritisch in Erscheinung getreten.

Das ist doch aber ... sage ich.

Wollen Sie sich etwa damit identifizieren? fragt er.

Nein, sage ich.

Na also.

Er steht auf, geht und lässt mich allein, für achtmal eine Zigarette, jede in knapp sieben Minuten, bis er kommt, um noch einmal alles durchzugehen. Dann sagt er: Nun unterschreiben Sie mal.

Ich unterschreibe einmal.

Er stellt das Blatt auf den Kopf.

Ich sage: Ich möchte doch noch einmal lesen, was ich ...

Er gesteht es mir zu, ich lese, halte ein und sage: Aber ...

Das ist doch unwichtig, sagt er. Es kommt auf alles zusammen an.

Ich möchte aber doch ...

Was? fragt er schneidend. Ich sagte Ihnen doch, es kommt auf alles ...

Ich höre ihn nicht mehr und unterschreibe: oben, rechts und links.

Wir laden ja noch die anderen vor, sagt er. Ich schrecke auf, alle also. Das ist mein Teil.

Er nimmt den Hörer ab, wählt und sagt: Wir sind fertig, legt auf, öffnet die Tür und sagt: Bitte ...

Ich finde den Weg zurück nicht.

Hier, sagt er, und geht mir durch Gänge voraus, öffnet Türen. Nun wissen Sie ja weiter, sagt er. Ich antworte nicht. Ich gehe an das Ufer. Will sehen, ob das Wasser fließt: Als ob ein Stundenzeiger an den Ast drückt.

Ich denke: Gott sei Dank.

Alle werden verhört. Keiner sagt (so sagen sie alle) mehr als ich. Fast glaube ich es, auch denen mit dem Blick wie ein Bambusrohr. Der Denunziant bleibt unbekannt: Man braucht nicht zu kennen, wen man anzeigt.

Ich sage vor Gericht nur „ja" zu meinen Personalien, dann bin ich entlassen.

Das Urteil: sechs Wochen Gefängnis, Anrechnung der Untersuchungshaft: Dauer der Untersuchungshaft: sechs Wochen.

Brink und Gerber sind verurteilt. Wofür? Für das, was wir alle über sie gesagt haben? Vielleicht nur etwas anders ausgedrückt. Ich erinnere mich: Es kommt auf alles zusammen an. Brink und Gerber werden aus dem Gerichtssaal entlassen. Wohin? Brink legt seine Hand auf meine Schulter. Du brauchst dir keine Vorwürfe zu machen.

Ich: Was wirst du jetzt machen?

Brink ist schon auf dem Wege, seine Sachen zu holen.

Endlich ein Gespräch, denke ich. Und das Exempel findet sein Ende.

Zwischen Pinscher und Porzellansittich

Nun hatte ich schon die vierte Adresse in der Tasche und ging in den berüchtigten Stadtteil Glaucha, im Rücken noch die Warnungen meiner Kommilitonen: Ich begäbe mich in den unverfälschtesten Stadtteil des ehrwürdigen Halle, aber auch in den unerträglichsten, sagten sie.

Angenehm überrascht, wie sauber der Treppenaufgang war, drückte ich auf den Klingelknopf. Sogleich vernahm ich ein jähzorniges und dünnes Gekläff, dazwischen schwerfällig tapsende Schritte. Kurz bevor die Tür geöffnet wurde, verstummte diese merkwürdige Hundestimme; ich hörte ein paar beschwichtigende Worte in jener gaumenbreiten Glauchaer Mundart, dem Sächsischen ähnlich.

Wie gesagt, das Gekläff verstummte, und sogleich öffnete sich die Tür. So wie einem der Geruch einer fremden Speise entgegenschlägt, umgab mich eine auf- und abschwellende Wortflut: „Sie wolln hier wohn? Aha. Was studiern Se denn? Aber ich sage Ihn'n gleich ... Na, so schlimm is es nu och wieder nich! Nur geene Angst! Wir sin gar nich so in Glaucha! Ich müsste ja gar nich vermieten, wenn nich der Krieg ... Wissn Se, mei Mann ... Wir führten eene so gute Ehe! Hier war unser Schlafzimmer. Sei Bett steht noch da. Auch die Bettsachen sin noch drauf. Jeden Morgen streif ich se glatt. Komm Se rein. Stehn Se doch nich so da! Und Ordnung müssn Se haltn könn."

Sie stand da, halb verdeckt vom Türflügel. Ich wagte einen Blick hinein in die große reich geschmückte Diele und gewahrte unweit der Tür einen hockenden Dackel. Ich war ganz irritiert! Konnte ich mir doch nicht denken, dass er dieses fistelnde Gekläff von sich gegeben hatte. Dazu saß er zu ruhig da und sah mich zu gelassen an. - Das Missverhältnis zwischen dem ersten und dem zweiten Eindruck verwirrte mich, und die Frau, die immer noch auf mich einredete, schien das bemerkt zu haben.

„Vor dem brauchn Se geene Angst zu habn, der is aus Gips!" sagte sie, und in diesem Moment nahm ich einen ganzen Gartenzwergstamm wahr, der im Umkreis des Gipsdackels die Diele bevölkerte. „Hier", sagte sie und streckte mir dabei ihren linken Arm entgegen, „hier, der war's, der Sie als erster begrüßt hat, mei zweeter Ordnungssinn, mei Gackarsch!"

Ich sah auf ihren Arm und erblickte dort den Kopf eines im Moment zwar ruhigen, aber außerordentlich nervösen Rehpinschers. „Na, gefällt er Ihn'n?" wollte die Dame wissen. Ich war gewissermaßen sprachlos. Sie schien meine Reaktion zu verstehen und wandte sich deshalb, um mich zu beruhigen und einen ersten Grundstein für mein Heimatgefühl zu legen, an den Pinscher, zog ihn unter ihrem Oberarm hervor, zeigte auf mich und sagte: „Gugge ma, das is unser neies Herrchen. Musst hübsch aufpassn auf ihn!" Wie sie das gemeint hatte, erfuhr ich erst nach genauerer Bekanntschaft mit dem Pinscher meiner Wirtin.

Ich schüttelte meine Befangenheit ab und widmete mich nun abwechselnd, aber auch gleichzeitig dem Hund und seiner Herrin. Ich klatschte mit den Händen auf meine Schenkel, sagte „ja, ja", „ach nee", klatschte wiederum auf meine Schenkel, sagte „nee, was Sie nicht sagen!" und sagte schließlich schenkelklatschend: „Ist ja unglaublich!"

Beide, Herrin und Hund, schienen von meiner Wandlung angetan zu sein, so dass ich, nach beiden Seiten freundlichst reagierend, in die Küche geleitet wurde.

Zum ersten Mal sah ich die Dame des Hauses in voller Gestalt. Sie war außerordentlich breithüftig, Schulterblätter und Wirbelsäulenende waren auffallend aufeinander zugeschoben. Die Knie schienen sie beim Gehen kaum zu krümmen. Sie fiel sozusagen nur von einem Plattfuß auf den anderen. Sie hatte graues gepflegtes Haar und trug es in einem kurzen Schnitt. Die Hände gestikulierten selbst zu ihren Gedanken.

Nun stand ich also in der Küche. Zuerst fiel mir der Wellensittich auf und dann eine dem Jahresfestkreis entsprechende, jetzt mit Ostereiern, Gras und Langohren bestickte Tischdecke. Letztere war mit zwei Glasplatten abgedeckt. Auf einer dieser Glasplatten sollte später meine Kaffeetasse stehen.

Ein milieuwidriger Übermut, etwa beim Frühstück ein beschwingtes rhythmisches Klopfen mit dem Kaffeelöffel auf die Glasplatte, war undenkbar. Das zu tun, so musste ich erfahren, war nicht einmal in Anwesenheit des abwegig benannten Pinschers möglich, der, wie ich erfuhr, hinlänglich dressiert war, den Ordnungssinn seiner Herrin, so sie abwesend war, durch seinen Blick und sein Kläffen vollkommen zu ersetzen.

Mein Zimmer hatte keinen Ofen, keinen Kleiderschrank, zum Nächtigen ein 7/8-Sofa, dessen Kopfende unter einem Fenster stand, dessen eine Scheibe von einem diagonal verlaufenden Sprung durchzogen war. An der Längswand des Zimmers stand ein schwarzes Eichenbuffett, auf dem in der ansehnlichen Stückzahl von achtundzwanzig wahre Kleinodien aus Porzellan aufgebaut waren: Meißner Teller, sorglich aufgerichtet auf Drahtgestellen, eine Reihe verschiedenfarbiger Porzellansittiche und -papageien.

Sogleich beim Betreten des Zimmers war ich verwarnt worden, mir ja nicht den Zorn von - Pardon - Kackarsch und Herrin zuzuziehen, indem ich mich, nicht vorsichtig genug, an dem Buffett zu schaffen machen würde: denn es sollte nicht noch einmal passieren, was dem Hause widerfahren war durch einen Griff meines grobhändigen Vorgängers, der es verstanden hatte, durch einen sorgsam um einen Papagei gewundenen Zwirnsfaden dessen Zertrümmerung bis nach seinem Auszug zu verheimlichen. - Der Pinscher auf dem Arm seiner Herrin, schienen beide tränenden Auges und einen erholsamen Moment schweigend den Verlust zu beklagen.

Über dem Buffett hing ein üppiges, schräg in das Zimmer geneigtes Gemälde mit einer wahrhaft fluoreszierenden Herbstwaldszene, die in quasi hochsommerliches Licht getaucht war.

Für meine Kleidung und Wäsche wurde mir das linke Buffettfach zugewiesen. Dass meine Anzüge ausreichend Platz fanden, war nur dem Umstand zu verdanken, dass meine Jacketts - der damaligen Mode gemäß - nicht länger waren als meine halbe Körpergröße minus zehn Zentimeter. Nur am Rande sei vermerkt, dass meine Füße in ausgestreckter Körperhaltung in Wadenhöhe über das Sofa, mein allnächtliches Bett, hinausragten.

Wesentlicher erscheinen mir noch zwei Abenteuer, die zu verschweigen ein großer Verlust für den geneigten Leser wäre.

Als ich mich nach Einsicht in die zahlreichen Notwendigkeiten einigermaßen wohnlich eingerichtet hatte, sollte es sein, dass ich mir unter dem unüberspürbaren Luftzug vom Fenster her - es war inzwischen jener neblige und grauschneeige Winter über Halle gekommen - eine Neuralgie am Kopf zugezogen hatte. Meine Intervention, durch Umdrehen des Sofas meine Füße dem Luftstrom aussetzen zu dürfen, schlug, wie zu erwarten war, fehl, und noch heute erzittere ich in Gedanken an diese meine Vermessenheit. Doch an Einsicht fehlte es der Dame des Hauses mitnichten. Ich hatte mich eben gerade auf das Sofa begeben, als es an der Tür klopfte. Herein trat eben jene Dame des Hauses mit dem unabweisbaren Pinscher, dem sie sogar im Hinblick auf meine Person die einmalige Ehre zugedacht hatte, mir eine einschlägige Hand- sprich Schnauzreichung zuteilwerden zu lassen. Ich erhob meinen neuralgischen Kopf und erblickte in der Schnauze des schwanzstummelwedelnden Hundes etwas, was mich an eine Kopfbedeckung erinnerte. Konsequent zu kombinieren hinderte mich die Neuralgie. Die Herrin des Hundes entnahm der dienstbaren Schnauze die, wie sie überzeugt war, einzig wirksame Lösung meines schmerzhaften Konfliktes, in den ich in dieser musealen und zugigen Umgebung geraten war. Das Mitleid hatte den Wortschwall der Frau gewissermaßen in ein der Situation entsprechendes Korsett gezwungen. Auch der Hund beschränkte sich nur auf verhaltene Zuckungen seines Körpers.

Sie wüsste mir zu helfen, sagte sie, über mich gebeugt. Ich sollte mich ihrer ausgedienten Kraftfahrerhaube bedienen, die sie über den Krieg aus der Zeit zu retten vermocht hatte, in der sie - noch glücklich - mit ihrem Mann im offenen Dixi durch die Lande gefahren sei. Diese Milde zurückzuweisen wäre vermessen gewesen. Dass ich aber einen weitaus größeren Schädel hatte als sie, ließ sie mit langwährendem Bedauern davonziehen. So blieb ich dem Sprung in der Scheibe und meiner Neuralgie letztlich doch ohne heilsame Unterstützung überlassen. Mein wohlaffektionierter Dank für die leider misslungene Maßnahme musste allerdings noch gar manchen Tag anhalten.

In der Diele sollte sich mein zweites winterliches Abenteuer abspielen; sozusagen als Ouvertüre dazu war über den Küchentisch unter den veredelnden Glanz der Glasplatten schon zu adventlicher Zeit eine reich mit Tannenzweigen und Tannenzapfen sowie mit brennenden Kerzen bestickte Decke gebreitet worden. Eine mit Tannenzweigen dekorierte Schale versperrte mir endgültig, denn sie war als unentfernbar bezeichnet worden, den

Zugang zum Tisch in meinem Zimmer. Es adventete also allenthalben.

Dort entfaltete sich, als Weihnachten immer näher kam, der Höhepunkt jener festlichen Verwandlung der Wohnung. Hier zeigte die Dame des Hauses eine bisher ungeahnte Phantasie: Zuerst hatte sie auf dem Tisch, der zu einer Gartenmöbelgarnitur gehörte, einen Tannenkranz gewunden, der bis an die äußerste Kante des runden Tisches reichte. Darauf wurden bunte Birnen angebracht, die ihr mildes Licht in die Diele ergossen. An eine Art Terrassenlampe, die über dem Tisch hing, wurde ein Gebinde aus Tannenzapfen und papierenen Fliegenpilzen gehängt. Der Einfachheit halber waren die Zapfen in Puderzucker gewälzt worden, was natürlich den winterlichen Eindruck zu vertiefen angetan war.

Was mit einem Blumenständer geschah, das wollte mir allerdings nicht so recht in den adventlichen Rahmen passen: Auf die Bretter wurden, jeweils in ein Nest aus Tannenzweigen getaucht, die verschiedensten Gartenzwerge postiert, auf das unterste ein solcher, der sich dem Angeln hingab. An seiner Angelschnur hing ein Fischlein aus Blei, das in eine mit weihnachtlichen Ornamenten reichverzierte Tonschale voller Wasser getaucht war. Auf dem Wasser schwammen einige Zelluloidfische.

Sie schienen sich der phantasievollen Dame zu sehr an den Rand der Schale zu drängen, so dass sie sich eines Tages, von der Straße her noch winterlich verpackt und den Pinscher unter dem Mantel, zu der Bemerkung veranlasst sah: „Na, ihr Kleen'n, ihr friert woll ooch - erneutes Pardon - an'n Arsch". Nun war die Angelszene eindeutig in den winterlich-weihnachtlichen Zusammenhang gerückt.

Mit einem letzten tiefen Eindruck möchte ich nun enden. In einem besonders leutseligen Moment gestanden mir Herrin und Hund, dass in den besseren Zeiten, die sie miteinander gesehen hätten und in denen sie eben nicht an einen Studenten hätten vermieten müssen, ein berückender Springbrunnen das gemeinsame Schlafzimmer unvergleichlich geziert hätte, doch habe er nur Anlass geteilter, also doppelter Freude sein dürfen und hätte weichen müssen, als der Herr dieses unvergleichlichen Hauses dahingegangen war.

Zwischenwelt

Seine Hand lag wie ein Werkzeug um die Flasche. Nur der stechende Schmerz, der vom Handteller zum Puls stieß, erinnerte ihn am äußersten Rand seiner Wahrnehmung, dass das eiskalte Bier nicht in ein gläsernes Gefäß hinunterfiel. Er griff sich mit der linken Hand an die Brust, als wollte er sich abstützen, als wollte er den Teil seines Körpers an den anderen pressen, der unter dem eiskalten Guss abgesprungen war. Doch er wusste nicht, wie starr er geworden war, und spürte das Feuer nicht mehr, das um dieses Glas in ihm brannte, das sich jetzt mit dem Bier füllte. Dass eine Glut in ihm sein musste, wurde deutlich, wenn er sich mit dieser Flasche verband, wenn sie vor seinem Mund stehen blieb, lange, nachdem sie leer war. Und dass es Glas war, was zwischen Feuer und stechend-kaltem Bier stand, auch das verbarg sich ihm. Und was diese Erstarrung bewirkt hatte, war längst vergessen.

Nur manchmal, wenn er auf seinem Bett einschlief, sobald das Feuer den Riss verschmolzen hatte, der sich durch ihn hindurchzog, teilte sich der Vorhang zwischen dem Jetzt und dem Einst. Ein sprödes Knirschen zitterte über eine milchige, großgefaltete Fläche.

Einmal, als er noch aufrecht stand und seine Finger nicht von der Flasche lösen konnte und das Stechen im Puls spürte, sah er dieses Glas vor sich, riss die Flasche vom Mund und schleuderte sie von sich. Sie durchschlug seinen Blick, den er hinübergespannt hatte zur Wand, und das hölzerne Poltern, mit dem sie an den Schrank schlug und auf dem Fußboden verrollte, zerriss seine Hoffnung. Als er das erfahren hatte, verließ er sich ganz auf die Szenen, die im Schlaf über den Feuerzungen schwebten.

Dann sank er auf das Bett mit dem Gefühl, Platz zu schaffen für die Bühne, zu der sich sein Zimmer ausweiten würde, sobald er nicht mehr darin stand. Er schloss die Augen, und im Horchen auf das Knistern, mit dem sich die Szene außerhalb von ihm und in ihm aufbaute, schritt er durch den scharfen Spalt zwischen dem faltigen Glas.

Und dann, eines Tages, waren sie wieder da, die lieben, freundlichen, helfenden, glaubenden, gestaltlosen Wesen. Da war ein Bett, in dem er spielen und schlafen musste, da war aber auch sehr weit weg jene gestaltlose Schönheit, diese Iphigenie, die ihn mit ihren Worten umfing und dieses Band der Sätze immer mehr spannte, bis es ihn zu ihr hinzog. Er sah, wie die Worte hinausschwebten in den Raum und fühlte, wie er die Güte aus ihrer Seele in den Klang seiner Stimme und in den Schlag seines Herzens nahm, er, Thoas. Und die Sehnsucht, die er hinüberwarf zu jener Szene, verbrannte diese Rolle, die er hier spielte zwischen Tisch und Bett, und er spürte eine erhabene Majestät, die er sprechen und leben wollte.

Und kurz vor seinem nächsten Auftritt, im Dunkel seiner verhangenen kleinen Szene zwischen Bett und Tisch, legte eine dieser Gestalten ein großes Buch auf den Tisch, schlug es auf und schob es zu ihm hin.

„Ich werde sie spielen, die Rolle. Ich kann sie spielen. Ich kann, ich kann ..."

Er sah, wie sie ihm glaubte, diese Gestalt, und diese Hand, die auf einem großen Namen lag. Er zog das Buch unter ihr fort und flocht seinen Blick zwischen die vielen Worte seiner Rolle. Sie hoben sich ab vom Papier, die Blätter lebten ihm die Rolle vor, sie spannten sich unter seine große Szene, unter Tempelsäulen und meeresblaue, unendliche Sonne.

Noch einmal blähte sich ein gelbes Licht zu einem künstlichen Tag, und er trat in seine schmutzige Rolle, in den vorletzten Auftritt, bevor er sich ganz in das Buch atmen konnte. Ein klebriger, abgegriffener Anzug hing an seinen Gliedern. Er sah das Bett, in das er steigen musste nach ein paar Wörtern, die schon vergessen waren, bevor er sie ausgesprochen hatte. Er warf die Jacke auf den Tisch, das Bett ächzte unter ihm, und das Licht schrumpfte und wischte seine Szene aus den Blicken des Publikums.

Und noch bevor es verlosch, verwandelte sich das letzte Gelb des Lichts in flimmerndes, aufgebautes, fein verästeltes Gold. Es spannte sich wie ein Baldachin über sein Bett, und in goldenen Buchstaben waren die Worte des erhabenen Buches auf die Säulen und auf den Zierrat geheftet. Auf dem Tisch lag ein sauberes Sakko, und das Buch war in einen silbernen Hauch gehüllt, durch den er die Worte sah.

„Sie glauben an mich." Er sah abseits auf der Seitenbühne ein verständnisvolles Nicken, als er nach dem Buch griff.

„Sie atmen mir entgegen. Ich brauche sie nur zu trinken." Er hob das Buch und neigte es seinen Augen zu.

Und da spürte er, wie die Worte vertrockneten, wie sie zusammenschrumpften vor seinem Atem. Er blätterte weiter, und auf der nächsten Seite erstarrten die Sätze, wurden gläsern und durchsichtig, und seine Blicke fielen durch sie hindurch und stießen auf den grobhölzernen Tisch und fraßen sich in die Platte. Er spürte, wie sich die Fasern des Holzes zusammenzogen und seine Blicke zwischen sich pressten.

Qualvoll öffnete eine Hand seinen Mund, damit er die Leere ausatme, die in ihm war. Selbst wenn er diese gläsernen Worte in sich hineinzwang, sie würden tief und immer schneller fallen, bis sie zersplittern unten, ganz tief unten.

„Ich werde nicht einmal hören, wenn sie zerbrechen. Ich werde ihn nicht hören, diesen klirrenden Ton, mit dem sie auf dem Papier stehen und warten - nicht einmal diesen ...“

Er legte das Buch vorsichtig auf den Tisch. Es tat weh, wenn er es durch seinen Blick zog. Von der Seitenbühne stieß ihn ein grelles Lachen an. Er erhob er sich zu seinem letzten Auftritt. Auf seinem Tisch lag das einzige Requisit, das sie ihm hingelegt hatten: eine große, langgezogene Schere. Das gelbe Licht blähte sich zum letzten künstlichen Tag seiner schmutzigen Rolle in dem klebrigen Anzug und mit den vergessenen Wörtern.

Er hob die Schere vom Tisch, zerschnitt damit seine Blicke, und frei schwebten sie im milchigen Licht. Es lag auf der kalten Schere und ihn erfasste eine große Sehnsucht, dieses Licht von ihr abzustreifen und seine Rolle wahrhaft auszugießen, hinein in den dunklen, lichtverschlossenen Raum.

Und das Glas in ihm entspannte sich zu schneidenden Scherben.

An der Haltestelle

Die Straße war nass vom Novembernebel, eine müde Helligkeit hing zwischen den Häusern, als ich hinüberging zur Bushaltestelle. Ich hielt es auch in dieser aufdringlich feuchtkalten Luft, die durch den Mantel sickert und in die Ärmel kriecht, mit den wenigen ruhigen Minuten, bevor ich in den Bus gedrängt werde. Ich hatte mich an die Bordsteinkante gestellt, was ich sonst nie tat. Hinter mir, wusste ich, stehen sie gleichgültig, beziehungslos und schweigend, und da kam auch noch der kalte, ätzende Nebel dazu. Sie standen in ihren Mänteln, als ob Wasser in blechernen Gefäßen zu Eis zusammengeschrumpft war. Die Mäntel erschienen alle viel zu groß, und sie hassten den Raum zwischen sich und dem Mantel und pressten die Arme an die Seiten und zogen den Mantel fest um die Schultern.

Und nun, da ich sie wiedersah, erinnere ich mich: Plötzlich hörte ich hinter mir eine leise, junge, warme Stimme, die sich im Gespräch mit einer anderen, wenig auffallenden verflocht. Sie ging an gegen den Nebel und umhüllte mich. Mein Interesse wuchs, je mehr ich mich in dieser Stimme verfing. Ich hörte, dass sie auch etwas keck, selbstsicher und entschieden war. Die andere, wenig auffallende, verstummte, und als es wieder ganz still war, ging ich hinüber an meinen Platz und suchte die Gestalt, deren Stimme den November erwärmte. Sie hatte einen graugrün genoppten Mantel an, der sich warm und weich, aber noch etwas unsicher an ihr herunter tastete. Auf ihrem Kopf trug sie einen leuchtend grünen Hut mit keck rundum aufwärtsgebogener Krempe. An ihrem Hinterkopf schäumte aus der Krempe hervor eine große, weiße Daunenfeder, dem Nebel zum Trotz. Den linken Arm hatte sie angewinkelt und eine dunkelgrüne, mattlederne Tasche zuckte mit der Bewegung ihrer Hand. Ihre Füße steckten in flachen, weit ausgeschnittenen Schuhen, als wären sie in weichen Sand gesunken.

Ich sah das alles, und mir zwang sich die Vorstellung einer Schaufensterpuppe auf, die lächelnd, in Vorfrühlingskleider gehüllt, im nebelsüchtigen Spätherbst steht. Die Gestalt neben ihr, mit der sie gesprochen haben musste, war ein kleines grausträhniges Weiblein mit einem Knoten im Haar. Und als sich in meiner Erinnerung wiederum die beiden Stimmen, eine funkelnde und eine stumpfe, ineinander flochten, wusste ich, dass das Mutter und Tochter waren. Doch ich wusste auch, und das erschien mir wichtiger, dass mir die Bushaltestelle etwas enthüllen würde. Ich wusste, dass ich es mit Hilfe einiger glücklicher Zufälle würde mit ansehen dürfen; denn wer an einem Morgen wie diesem hier stand, wohnte auch hier draußen im windigen Norden

der Stadt und musste auch den Bus nehmen, wenn er stadtein-
wärts wollte.

Nun, da ich sie wiedergesehen habe an einem warmen,
vollen Juliabend und mich meine Haltestelle vor ihr aus dem Bus
gezogen hat, erinnere ich mich wieder.

Ich hatte mich zwei Schritte neben sie gestellt. Ich wusste,
die Eingangstür vom Bus würde links neben mir oder vor mir
sein, und dann würde sie einsteigen. Genauso geschah es. Der
Bus drückte seine dickbauchigen Räder an die Bordsteinkante
und zerfuhr eine kleine, schlacksteingraue Nebelpfütze. Das Ge-
räusch, mit dem sie über den Asphalt schwappte, ging unter im
Zischen der Pressluft, mit dem die Türflügel hinaus geschwenkt
wurden.

Ich stemmte mich kaum spürbar gegen den Ansturm der
anderen, und sie stieg, ihre Tasche weit von sich gestreckt, ein.
Ihr Gesicht glitt durch meine Blicke und sie bemerkte nicht, dass
ich es für einen Augenblick festhielt. Das Rot auf ihren Lippen
war so neu und unsicher wie der Mantel. Ein paar Haarbüschel
hatte sie schräg in die Stirne gekämmt. Die Unterlippe war etwas
gestülpt und warf einen feinen Schatten auf ihr Kinn. Ihr Blick,
der sanft-kecke Zug auf ihrem Gesicht waren noch genauso neu
wie der Hut und die Tasche.

Sie musste es bemerkt haben, dass ich nach ihr sah, und mit einem Male standen ihre Augen groß vor mir und in ihnen war ein kalter und warmer Zauber zugleich. Ich setzte zu einer Antwort an auf eine Frage, die sie nicht gestellt hatte, die aber in ihren Augen lag. Doch plötzlich drückte sie mit ihrem Blick auf die Unterlippe und wandte sich ab. Wie sollte ich hinabsteigen in dieses wundersame Spiel, in das sie verfangen war, aber nicht recht weiterkam?

Und nun, da ich sie wiedersah, weiß ich, dass mir etwas aufgespart blieb. Ich musste erst einmal einen Graben der Verwunderung überspringen, bevor ich mein Interesse spielen lassen konnte. Ich sah noch einmal das vor mir, was nicht einmal eine Begegnung war, angefüllt mit Nebel, Schnee, Kälte und einem täglich neuen, flackernden Grün und Rot, schäumendem Weiß und einem unsicheren samtigen Zauber.

Da saß sie nun, eine weiche, zartwollige Jacke über die Schultern geworfen, ihre Arme und Hände flossen in den Schoß, und ihr Haar, das dem kecken Hut davongewachsen war, glitt in den Nacken und lockte sich über die weite, klare Stirn. Auf ihren Zügen lag ein samtener Hauch von einer Antwort.

Vor der Zeit, wie mir schien, war der Bus an der Haltestelle, an der ich aussteigen musste. Ich ging an ihr vorbei, stieg aus, der Bus fuhr ab. Ich sah noch einmal durch das Glas nach ihr, aber eine grelle, kalte Reklameschrift spiegelte sich darin und fing meinen Blick ab, und ich fragte mich, wo sie wohl herge- kommen war an diesem warmen, vollen Juliabend, der sich ver- schwendete.

Volkes Rummel

Die Fenster jenseits des Platzes sind halb geschlossen wie müde Augen. Gläsernes Licht hält sie wach. Verfärbtes Hochdeutsch schlägt an die Mauern:

„Noch sind die Nummern 50 und 100 zu gewinnen, meine Herrschaften! Kommen Sie! Die große Chance! Sie dürfen wählen! Noch sind die Nummern 50 und 100 zu gewinnen! Noch sind sie nicht vergeben! Kommen Sie! Kommen Sie!"

Eine zerbrochene Riesenpuppe liegt auf den Trostpreisen, Leiber ohne Köpfe sind über die Loskiste gebeugt. Neonlicht liegt auf ihrem Nacken.

„Kaufen Sie ein Los, mein Herr!"

„Welche Nummern haben Sie zu vergeben?" fragt dieser und bringt den Losverkäufer in Verlegenheit.

Dieser antwortet mit einem verlegenen Nebenerwerbslächeln.

Der Herr kauft kein Los.

Ein Kind gewinnt sechs Biergläser. Es ist 21.00 Uhr.

„Grüß die Mutti, grüß den Vati, grüß die Oma, grüß den Opa!"

„Ja", sagt es. Es ist verzaubert. „Das erste Mal habe ich Glück."

Eine Frau setzt zwei Mark. Alles Nieten. Neidisch sucht sie nach dem kleinen Mädchen. Es wartet auf den Bus und hütet die sechs Biergläser, drei rotgezierte, drei blaugezierte. Ein Fehllos liegt in einem der Gläser.

Zerrissene Schlager stellen Ansprüche.

Ein Mann ohne Beine hält Kunstkarten feil. Mit wem rechnet er hier? „Mit dem Fuß gemalt" steht auf einer Karte. Der Mann ohne Beine scheint sie besonders zu lieben; er streckt den Finger hin zur Schrift. - Spitzweg, Rembrandt, alte Niederländer liegen auf dem Kissen vor der Schnauze eines schlafenden mageren Hundes.

Wolkenkratzer auf Pappe. Darunter ein öffentliches, aufgerissenes Schlafzimmer. Vor den Wolkenkratzern, mit Neonlicht abgesetzt, die Freiheitsstatue ohne Unterkörper.

„Madame de la notte, meine Herren, zeigt Ihnen das gewagteste Striptease des Jahres! Eine Symphonie in Technicolor!" Ein schwarzblauer Samtvorhang öffnet sich. „Hier Madame de la notte, meine Herren!" Ein schwarzweiß gefleckter, kurzbeiniger Hund kriecht hinter der Frau unter dem Samtvorhang hervor. Gelächter.

„Fünf Striptease auf zwei Bühnen zur gleichen Zeit, meine Herren! Kommen Sie! Die letzte Grand-Show dieses Abends! Paris, New York, Amsterdam, wie sie wirklich sind!" Der kurzbeinige Hund steht neben Madame de la notte.

„Kommen Sie, meine Herren! Sie müssen kommen!" Die Schaufensterpuppe befiehlt mit Erfolg. Die Bretterstufen knarren unter dem Gelächter der Männer. Der kurzbeinige Hund geht ihnen voraus. Der schwarzblaue Samtvorhang verschluckt eine rote, eine grüne, eine blaue, eine gelbe, eine rosa Frau. Eine weiße Pelzstola aus Nylon hängt über ihren Schultern. Die Eingangstür zerschlägt rauchiges Gelächter.

„Die machen ein Geschäft!"

„Das ist nun mal so. Sie tun mir leid."

„Dazu zwingt sie doch niemand."

„Familientradition."

Erhabenes, verhaltenes Lächeln hinter einem Fischbrötchen mit Zwiebeln.

Weltraumillusionen um eine grüne Rakete. Weltraumkapseln an Spinnenbeinen aus Stahl geschraubt. Pressluftzischen. Graues Gähnen am Schaltbrett.

„Grüne Hölle." Ein Affe wird zum Geldzählen angehalten. Ein Papagei kreischt. Eine Stimme, mit Tierliebe gefärbt, kriecht über die Barriere. „Und nun zeigt uns unser lieber, kleiner Bimbo, wie er sein Herrchen am Abend in den Schlaf singt." Rentable Warmherzigkeit für das seriöse Publikum.

Rote Lampen in den Augenhöhlen abgeschälter Köpfe asiatischer Büffel. Hohläugiger Alligator an unsichtbaren Perlonfäden. Grüngebrochenes synthetisches Tropenlicht hinter papiernen Lianen und Baumstämmen aus Pappmaché. Der Papagei beschimpft auf ein Zeichen den leise quietschenden, streichelnden Rhesusaffen. Effektvoller Neid: Also auch das Tier. Herrchen tut, als ob er schliefe. Das Wiegenliedäffchen legt sich daneben. „Oh, wie süß!" Erwärmende Menschhaftigkeit: Also auch das Tier. „Schön!"

„München, Paris und Berlin gewinnen die Hauptpreise, meine Damen und Herren! Ziehen Sie! Berlin gewinnt eine einmalig schöne Weltzeituhr! Dann wissen Sie, was es überall auf der Welt geschlagen hat!"

Die Weltzeituhr ist wenig gefragt. Er wird sich einen anderen Hauptgewinn suchen müssen, vielleicht einen großen Stoffelefanten, auf dem man sitzen kann.

„Oberbayerische Festhalle!" Am Mikrofon setzt ein Mann das Bierglas ab und brüllt: „Trinkt Löwenbräu!" Er dreht sich um, ergreift den Taktstock, und die Blasmusik spielt: „Wenn es Frühling wird, dann schick ich dir Tulpen aus Amsterdam."

Der Mann singt „... tausend gelbe, tausend rote, alle wünschen dir dasselbe ..."

Auf der Speisekarte steht: „Oberbayerische Festhalle, A. Kjestaden, Hamburg."

„Original Münchner Brathendl! Die Direktion hat keine Kosten gescheut! Ein Original Münchner Brathendl-Koch! Essen Sie Brathendl!"

Man isst es. Das Bier ist dünn. Wie Seifenblasen platzt der Schaum. Plötzlich wird es dunkel im Zelt. Bierkrüge stoßen auf die Tischplatten. Die ersten Takte einer ungarischen Rhapsodie von Franz Liszt werfen sich zwischen die Menschen. Die Wasserorgel! Vor einem leinenen Alpenpanorama weben die Fontänen Liszts Rhapsodie in grünes, gelbes, rotes und blaues Wasser. Glasig weiß verlischt sie.   Sie war laut genug.

Zwei Gläser

Voller Erwartung ging er seinen Weg nach Hause. Er hatte heute unerwarteten Erfolg gehabt, und die Spannung, alles zu erzählen, war besonders groß; denn er kam heute spät zu ihr zurück. Er hatte auch eine wichtige Verhandlung für sie geführt.

Sie arbeitete mit. Es sollte nicht für immer sein. Aber einige Zeit müssten sie es noch durchhalten. Es war erst ein Jahr her, dass sie ihre ganze Habe nach dem ersten Ehejahr stehen gelassen hatten. Es war so viel zu schaffen und kaum auszumalen, dass sie wieder so lange sparen sollten wie damals. Es sollte schneller gehen, und den Kindern sollte es an nichts fehlen. Aber nun war ihr an einer Stelle die Last zu groß geworden. Warum sollte er ihr da nicht helfen? Nun hatte er es getan: Er hatte, wie man so sagt, vorgebaut. Nun würde es ihr leichter fallen, selbst darüber zu sprechen und das Wichtigste zu sagen. Dass sie es selbst bis heute nicht getan hatte, glaubte er als dringende Bitte auffassen zu müssen, ihr ein wenig davon abzunehmen.

Heute konnte er ihr nun viel erzählen. Er beeilte sich. Es war dunkel und kalt. Viel Schnee war weggeräumt worden. Heute Morgen noch knirschte und brach es unter seinen Füßen. Am Wegrand lag ein grauer Schneekamm, den der Frost des Abends aufgefangen hatte. Morgen wird er in sich zusammenfallen. Er spürte, wie der Frost die am Tage aufgestiegene Feuchtigkeit herunterzog. Sie streifte sein Gesicht und ließ ihn schauern. Der eiserne Pfahl der Neonlampe stand im bläulichen Licht.

Vom letzten Stück Weg aus sah er das erleuchtete Zimmer. Als er näher kam, sah er, dass sie am Schreibtisch saß. Das Rollo fing den Schatten ihres Kopfes auf. Sie wartete, dachte er, und es war so angenehm warm in der Schreibtischecke vom Heizkörper her. Und sie fror, weil sie müde war.

Weich klickte das Schloss. Leise schloss er die Tür. Mit den gewohnten Handgriffen hängte er den Mantel auf den Bügel, legte den Hut auf die Ablage, die Handschuhe daneben, spannte die Schuhe und wusch sich die Hände.

Die Tür sprang ihm etwas entgegen. Sie spannte noch; denn sie war neu. Stilles Licht und Wärme kamen ihm entgegen.

„Guten Abend." Er sagte es mit jener Zärtlichkeit, die sie beide an sich hatten, und die zwar schon einige Jahre alt, aber in solchen Augenblicken immer wieder gut war.

Sie sah auf.

„Guten Abend." Es war etwas weniger zärtlich, und vor allem klang nicht mit: Nun, was ist aus deiner Sache geworden, hat alles geklappt? Zwar stand sie auf, kam hinter dem Schreibtisch hervor, ging zwei Schritte und setzte sich fröstelnd auf den Stuhl. Er hatte sie aus der Wärme gezogen.

Warum fragte sie nicht? Was zwang sie, gering zu schätzen, was er bereit hielt? Sie wusste doch, dass sich heute für sie etwas entschieden hatte. Sie war doch sonst nicht so; und sonst hätte er es ihr verziehen. Warum gerade heute?

Zwar war der Erfolg nach außen hin klein, kaum bemerkenswert, aber für sie beide lag er doch auf einem ungewohnten, ganz neuen Gebiet, das vielleicht sogar verheißungsvoll war.

Und nun fiel in ihm etwas herunter. Plötzlich war sein Erfolg kein Erfolg mehr; der Weg, auf dem der nächste folgen sollte, schien ihm aufgebrochen und zerrissen.

„Ich habe mit der Chefin gesprochen."

„Worüber?"

„Über dich."

Er klammerte sich an das, was noch zu erzählen blieb. Das andere war verloren.

„Über mich? Worüber denn?"

Sie war so wenig bereit. Das irritierte ihn. ‚Ja, worüber eigentlich?' überlegte er.

„Du weißt doch, über deine Arbeit. Es wird dir so viel. Und es war doch höchste Zeit." Er fühlte sich auf eine seltsame Weise in die Rechtfertigung gedrängt.

Fast kalt und doch auch jäh erwartend sah sie ihn an. Er musste etwas in ihr getroffen haben, zumindest ahnte er, etwas falsch gemacht zu haben, nur wusste er nicht, inwiefern. Das war ganz von ihr abhängig. Er kannte das. Er wusste von dem Risiko. Und unbeantwortet blieb die Frage, ob es ihr mit ihm schon ähnlich gegangen war. Ja zu sagen, dazu hätte sie Wort für Wort und sicher nicht ohne Mühe gedacht werden müssen.

„Wir haben doch noch nie darüber gesprochen, welchen Grund wir angeben wollten."

„Welchen Grund wir angeben wollten?"

„Ja, welchen Grund." Das klang so kalt wie immer dann, wenn er einen ganz wunden Punkt in ihr getroffen hatte. Und es dauerte nur Sekunden, bis ihn das gefürchtete Gefühl drosselte, machtlos zu sein, machtlos gegen die Lawine, die sie zeitweilig erfasste.

Aber er hatte doch gar keinen Grund gegeben! Keinen eigentlichen. Aber anscheinend genügte schon das Wort Arbeit. Und immer, wenn sie darauf so reagierte, wie es nun auf ihn und sie zukam, war er ganz schwach und ohne Überzeugungskraft.

„Lass mich erzählen! Ich sage dir, wie ich es erklärt habe." Er stand vor der schweren Aufgabe, jedes Wort, ja sogar jeden Tonfall genau wiedergeben zu müssen wie vor Gericht, wenn es gerade auf die Worte ankam, deren man sich am schlechtesten erinnern kann.

Er stellte sich das Gespräch mit der Chefin vor: Er hatte mit ihr hinter dem Stuhl gestanden, den sie bei Besprechungen benutzte. Er hatte schon den Mantel an und hielt den Hut in der Hand. Es war schon dämmrig gewesen in dem Raum.

Alles fiel ihm ein, doch um die Worte rang er, und er fühlte Satz für Satz, dass das, was er sagte, nicht stimmte, und dass es etwas war, was er hätte nie sagen dürfen; das wusste er. Nun begriff er, warum sie vorher alles besprochen haben wollte. - Mechanisch sprach er herunter, was sie ihm immer wieder als Grund genannt hatte, was aber nur zwischen ihr und ihm der Grund sein und stimmen durfte, was nur hier gesagt bleiben sollte. -

Es war, als fielen die Worte, nachdem sie sie gehört hatte, auf den Fußboden. Gleichzeitig dazu stellte sich zwischen seine

Worte, in die Pausen zwischen die Sätze die Erinnerung, dass er selbst einmal eine verantwortungsvollere Aufgabe abgelehnt hatte mit der Begründung, dass er sich ihr nicht ganz gewachsen fühle. Daran klammerte er sich; doch er wusste, wenn er ausgesprochen hatte, konnte er eben das zu seiner Verteidigung und zu seinem Trost nicht sagen.

„Ich wusste es, dass du mich bloßgestellt hast. Du hast mich unmöglich gemacht. Ich kann dort überhaupt nicht mehr hingehen.“

Er schwieg. Er schwieg bewusst. Jedes seiner Worte musste in der Kälte zwischen ihnen erstarren. Er hätte sie alle sehr warm machen können; denn es war immer dann sehr warm in ihm, gerade dann. Und er kam sich gerade deshalb so herzlos vor. Warum das erst, wenn doch die Wärme blieb? Was war jenseits dieser Wand von Kälte und Glas? War es in ihr dennoch warm? Es konnte gerne weniger sein als bei ihm. Aber er wusste es nicht. Und wenn er es gewusst hätte, es hätte doch nichts genützt.

‚Ich liebe dich‘, doch schweigend ging er aus dem Zimmer, warf einen flüchtigen Blick auf Hut und Mantel; die Schuhe waren getrocknet. Er betrat das große, kalte Zimmer, drehte die Heizung an und drückte auf die Taste des Fernsehers. Er zündete die bunte Stehlampe mit der französischen Blumenmalerei an und löschte das große Licht.

‚Ich liebe dich, ich liebe dich.' Hinter einer Wand, hinter zwei Türen saß sie, und sie kam nicht. Und er ging nicht zu ihr. Nur langsam erwärmte sich das Zimmer. Der Fernseher lief schon, und ihn fröstelte.

Er hatte noch etwas wie eine Entschuldigung, ein ‚Verzeih mir' hervorbringen wollen, doch es schien ihm so sinnlos. Was sich in ihr abspielte, war so sehr jenseits all der Möglichkeiten, die sich im gewohnten Spiel und Ernst der verzeihenden Liebe ausgleichen ließen. Das machte so bereitschaftslos, weil er sie so sehr getroffen hatte; oder es traf so schwer, weil ihr Herz auf eine ganz natürliche oder unbegreifliche Weise bereitschaftslos geworden war. Er sah auf den Bildschirm, doch Auffassen und Vergessen waren eins.

‚Ich liebe dich, ich habe dich doch gern, ich möchte jetzt bei dir sein im Zimmer, ich möchte dich weinen sehen; denn da hast du mir bereits verziehen. Doch was sollst du mir denn eigentlich verzeihen? Ich muss mich belasten, damit du mir verzeihen kannst. Doch ich bin ohne Schuld. Ich habe etwas ganz anderes gesagt. Nur als die Chefin sich an ein Gespräch mit dir erinnerte, in dem du etwas Ähnliches, so etwas wie 'wenig Erfahrung' gesagt hast, pflichtete ich bei, ein wenig. Das kam auch, weil sie meinen ersten Gesichtspunkt sofort zurückwies. Ich wollte um deinetwillen nicht aufgeben - verstehst du, und da habe ich dich wie du meinst ausgeliefert; aus-geliefert dich in deiner Schwäche, dich bloßgestellt. Und es ist so wahr, dass ich dich sehr mag!'

Er konnte sich nicht klar darüber werden, was ihn mehr hinderte, hinüberzugehen: dass sie in solchen Fällen keine Entschuldigung annahm, dass sie heute Abend so wenig auf ihn eingestellt war oder dass ein kindisches, unvernünftiges Bedürfnis nach Selbstbehauptung ihn hinderte. Es war nicht auszumachen. Und so schob er es unwillkürlich etwas Mächtigerem zu, das ihn und sie in einen Bann schlug, das sein und ihr Herz zusammendrängte und sich wie ein Riegel vor den Mund schob.

Er wollte den Fernseher abstellen. Aber dann hätte er hinübergehen müssen. Und so ließ er ihn an.

Er hatte noch nichts zum Abend gegessen; und sie war auch noch ohne Abendbrot. Er musste etwas Besonderes tun. Dass er das Abendbrot ab und an zurechtmachte, war alltäglich geworden. Er hatte selbst dafür gesorgt, dass sie nicht immer danken musste. Das ging bei ihnen nicht; denn es war viel, was sie an Alltäglichem füreinander taten. Je selbstverständlicher sie es verrichteten, umso angenehmer empfanden sie es, besonders sie. Er gab zu, dass er manchmal dazu neigte, sie auf etwas aufmerksam zu machen, um ihr einen Dank abzugewinnen.

Er ging hinaus in die Küche. Er wusste, dass sie gerne einen Teller leichte Suppe aß. Er stellte Wasser auf, nahm einen Würfel, warf ihn in den Topf, quirlte ein Ei und ließ es in die sprudelnde Brühe tropfen. ‚Sie wird sich freuen.' Da fand er in einer Tüte, die sie mit nach Hause gebracht hatte, frische Petersilie. ‚Das hat sie besonders gern, auf allem Petersilie.' Er wusch sie, hackte sie ganz fein, verteilte die Suppe auf zwei Teller, streute die Petersilie darauf und ging leichteren Herzens aus der Küche, das Tablett in der Hand. Er kam, und sie musste ihm öffnen. Das war gut so.

„Machst du mir bitte die Tür auf?"

Sie öffnete. Er betrat das Zimmer, und wieder spürte er die Wärme und das Licht des kleinen Zimmers, das sie so sehr liebten, besonders, seit es ganz hell tapeziert war. Sie zögerte etwas, sagte nichts und ging wieder hinter den Schreibtisch, wo sie sich in ein Kreuzworträtsel verbohrt hatte. Er kannte das schon. Sie konnte in solchen Situationen sogar singen und pfeifen. Doch ihr Gesicht sagte etwas anderes. Auch jetzt.

Die Suppe dampfte. Er stellte einen Teller auf ihren Platz und den anderen auf seinen. Schnell roch es in dem Zimmer nach der Suppe. Und die Teller waren übervoll. Er begann zu löffeln: Er schmeckte fast nichts, nur das Salz an der Suppe. Und er schwieg, denn er spürte, wie es sein Herz zusammendrängte, wie etwas seinen Mund verschloss. Und plötzlich war es ihm kalt. Sie sah nicht einmal auf. Und er wusste, worauf sie wartete. Und er fühlte sich gedemütigt, in die Knie gezwungen wider seinen Willen. Es war ihr nicht genug.

Er musste aufstehen. Und so nahm er seinen halb geleerten Teller und ging wieder ins andere Zimmer. Er zündete das große, scharfe Licht in der Mitte an und setzte sich an den Tisch gegenüber vom Fernseher. Er hatte ihn schon vorher abgedreht. Er starrte die Scheibe an, und graue Bilder zogen darüber hinweg. Und sie handelten von ihm und ihr. Doch sie blieben unbestimmt und gingen und kamen zu schnell, als dass sie ihm hätten bewusst werden, geschweige denn helfen können.

Und da erinnerte er sich an seinen Mantel, seinen Hut und seine Schuhe draußen im Flur. Die Schuhe waren inzwischen getrocknet. Es war schon recht spät geworden. Er wusste, draußen war es kälter, und es gab kein Ziel, nur einen endlosen Weg zwischen Häusern, in denen Licht brannte und an deren Fenster der frostige Spätabend drückte.

‚Ich muss gehen, ziellos gehen. Meine unpassende Erklärung, die dauernd in mir ist: Ich habe dich doch lieb, könnte ich irgendwie hier lassen, aber sie wäre genauso ohne jede Überzeugungskraft, wie es der übervolle Teller mit der heißen Suppe war. Auf einem Zettel wäre sie eine Geste, hinter der du nur das Mühen um meine Selbstbehauptung sehen würdest. Und ich kann nicht demütig sprechen. Und jedes Wort wäre diese unerträgliche Demut.'

Er wollte weit gehen, lange fort bleiben. Er ging in das Zimmer, wo sie saß. Aber er ging nicht zu ihr, sondern trug den unberührten Teller hinaus. Er konnte ihn getrost anfassen. Die Suppe war fast kalt. Es war fast nichts zwischen ihr und ihm. Es war nur etwas in ihm. Und das Zimmer war so leer, so ganz und gar leer, dass es nicht einmal eine Frage hätte tragen können hinüber zu ihr. Und so wusste er nicht, was in ihr war.

Er goss den Teller Suppe zurück in den Topf, in dem er sie voll Hoffnung gekocht hatte. Er tat es etwas laut. Und das Geschirr schlug aneinander. Beinahe wäre der Teller zerbrochen, als er flach und leer auf den Grund des Spülbeckens schlug.

Er wusch sich die Hände und zog sich an. Sie sollte es hören. Und es war nicht Ärger, der ihn den Schuhanzieher ein wenig auf den Schrank fallen ließ, es war jene dennoch immer währende Wärme in ihm, die sie so liebte.

‚Vielleicht kommt sie. Und wenn sie nur die Tür öffnet und mich ansieht.'

Sie kam aber nicht, obwohl sie wusste, was er tat. Und die Wärme in ihm sagte, er solle etwas auf ein Blatt Papier schreiben. ‚Sie soll sich nicht erregen.'

Im Mantel setzte er sich an den Tisch, und auf dem Blatt war eben gerade Platz genug, das zu schreiben, was er sich vorgenommen hatte.

„Liebe!

Ich gehe noch ein bisschen spazieren. Ich bin bald wieder zurück ..."

Und da erfasste es ihn. Er vergaß die Anrede, er sah nur den willfährigen Zettel, und er schrieb, er schrieb über Gedrucktes hinweg verletzende Zeilen. Es war eigentlich kein richtiger Platz dafür da, aber seine Feder zwang den gedruckten Text unter seine Schriftzüge.

„... Ich halte es nicht mehr aus. Du tyrannisierst mich. Es beginnt bei der Straßenbahnfahrkarte, die ich mir nicht zu kaufen brauchte, weil ich noch eine andere abfahren konnte. Das geht über die sechs Mark für die Flasche Korn, durch die unser Haushaltsgeld zu sehr belastet werde. Und das hört bei deiner Unzufriedenheit über dein Haar, deine Kleidung und die Last der Arbeit, die ich immerfort vorgelegt bekomme, auf."

Er unterschrieb: „Dein ..."

Und da war wieder dieses Gefühl für sie da. Es war nicht Rücksicht, kein Zurücknehmen. Es drängte sich immer mehr in sein Denken.

Da hörte er Schritte; die erste Tür ging, die zweite. Sie trat ins Zimmer. Er wollte gerade aufstehen. Doch er blieb sitzen. Sie sah nicht auf ihn, sondern auf den Zettel. Als ob er die ersten Sätze ablas, sagte er:

„Ich gehe noch ein bisschen spazieren, ich bin bald wieder zurück."

Sie las das andere. Seine und ihre Schrift waren sich so ähnlich, dass andere sie kaum auseinanderhalten konnten. Es fiel ihr nicht schwer, über dem Druck zu lesen. Sie wandte sich, und ihr Gesicht war tief und schwer. Wortlos ging er hinter ihr her, und während sie sich hinter den Schreibtisch setzte, legte er den Zettel auf den Tisch, wo die Suppe gestanden hatte.

Er ging die Treppe hinunter. Den Schlüssel zur Wohnungstür hatte er nicht mitgenommen. So musste er läuten, wenn er zurück kam. Er hatte das Gefühl, als bliebe etwas von ihm zu Hause, etwas, das, solange er fort war, zu ihr gehen würde, um ihr alles zu sagen, alles Liebe. Dass er schuldlos war, spielte gar keine Rolle mehr; denn es stand etwas Neues dazwischen, dieses Blatt Papier.

Wer würde ihm dann öffnen; sie alleine, wie sie vorher war, oder half ihr das von ihm, was er zu Hause bei ihr ließ? Er fühlte, dass er seine Spaltung nicht lange würde ertragen können. Und die Zeit reichte gerade aus, Schritt für Schritt den Zettel zu ändern:

„Liebe!

Ich bin dir so dankbar, dass du mich erträgst. Ich bin manchmal ganz schlecht. Die Straßenbahnfahrkarte und die Flasche Korn ... ich weiß, du bist der gute Geist unseres Monatsbudgets, ich danke dir.

Wenn du Zeit hättest, würdest du dich mit viel mehr Mühe deinem Haar und deiner Kleidung widmen. Und wenn ich über deine Unzufriedenheit nörgele, dann weil ich dich gerne ganz fein sehe, mit deinem geschwungenen Pony, deinen ein wenig glühenden Wangen ganz oben unter den Augen und ihrem unendlichen, großen Strahlen. Und das mit der Arbeit; wie sehr sehne ich mich danach, dass überall, wenn ich nach Hause komme, deine Hand war: auf dem selbstgezimmerten Regal, das du vor fast einem Jahr geduldig poliert hast, auf der Liege, dem Teppich, an den Blumen und an dem Kehrblech, das du schnell beiseite stellst, noch voll Kehricht, wenn ich den Schlüssel ins Schloss schiebe.

Ganz lieb

Dein ..."

Er dachte wieder: ‚Dein ...'

Und da war er wieder nach einem kindischen Stück Weg an der Haustür. Und er ging die Treppe hinauf und läutete.

Er konnte sich später gar nicht mehr besinnen, wie sie ihm eigentlich geöffnet hatte. Fast bis Mitternacht war der Abend sehr schwer. Was sich da aufgetürmt hatte, würde noch eine Zeitlang bleiben.

Er tat etwas Ähnliches wie sie mit ihrem Pfeifen und Singen. Er drückte auf die Taste des Radios in ihrem kleinen Zimmer und drehte es recht laut, setzte sich auf die Liege, schob die Brille auf die Stirn, und es stürzten sich Fetzen eines Gebets durch seine Gedanken. Aus dem kleinen Radio erklangen Operettenmelodien: Ein Glück, dass man sich so verlieben kann, denn mit Liebe fängt das Leben an.

Sie waren beide sehr müde. Er machte die Betten zurecht. Sie saß am Schreibtisch und suchte in einem Heftchen, in dem Kurzgeschichten waren. Ob sie da eine Hilfe, eine Stütze, eine Lösung zu finden meinte?

Er ging zu Bett, nahm ein anderes Heftchen und suchte etwas Ähnliches. Und er fand etwas. Und es machte ihn leichter. - Sie suchte immer noch, noch im Bett; und als er sie, nachdem er das Licht gelöscht hatte, leise weinen hörte, weinen fühlte, wusste er immer noch nicht, ob sie etwas gefunden hatte.

Die Müdigkeit war stärker als das andere. Und spät schliefen sie ein. Eine Kleinigkeit hielt er anders als sonst: Er wachte noch eine Weile und sagte in dem gewohnten und guten zärtlichen Ton: „Schlafe schön." Sie hatte es gehört. „Du auch", kam es zwischen Kopfkissen und Deckbett hervor. Sie deckte sich immer bis über die Ohren zu.

Am nächsten Tag hatten sie zusammen Arbeitsschluss. Es waren noch zehn Minuten bis zum nächsten Bus. Da konnten sie noch schnell in das nächste Kaufhaus gehen, wo es schon allerhand in bunten Frühlingsfarben gab.

„Ich zeige dir den Pullover, den ich am Samstag übergezogen habe. So ganz das Richtige war er nicht. Aber schau ihn dir mal an."

Er hakte sie unter, ein Blick auf die Uhr, und sie verschwanden zwischen den Ständern mit Hunderten von Frühjahrspullovern: grünen, blauen, bunt gestreiften, zarten, sportlichen. Den sie angezogen hatte, fand auch er nicht sonderlich schön.

„Sollen wir einen kaufen? Schau, der ist doch schön!"

„Ja, bestimmt, zieh ihn mal über!"

„Ja?" Und sie hatte das geliebte Strahlen in ihren Augen.

„Wir schaffen das schon diesen Monat. Es geht immer weiter."

Sie behielt den Pullover gleich an. Er lief zur Kasse, zahlte, empfing sie an der Tür, hakte sie unter, und sie warteten tatsächlich noch eine Minute auf den Bus.

„Dazu musst du den Armreifen nehmen, den ich dir vor kurzem geschenkt habe, und ein bisschen Rot auflegen."

„Ja."

Zu Hause setzte er sich an den Schreibtisch und begann diese Geschichte, die Geschichte aus einer Liebe.

Sie stand draußen vor dem Spiegel, zog die Haare unter ihren Ohrläppchen vor, bauschte ihren Pony, legte etwas Rot auf und kam mit dem neuen, leuchtend roten Pullover ins Zimmer. Er sah den Reifen an ihrem Arm, und es traf ihn die ganze Wärme ihrer Wangen, und das ganze Zimmer war voll von dem Strahlen ihrer großen Augen. Sie sahen sich, und in ihnen war die gleiche Frage:

Wer war es, der sie wie zwei Gläser in der Hand hielt, die sich klingend begegnen konnten, aber auch in der Not standen, einander zu zerbrechen?

Verlust einer Stimme

Dr. Chmelius stieß die Tür zum Stationszimmer auf, griff sich in den Nacken und löste den letzten Knopf seines Kittels. Die Tür stieß an den Bereitschaftsschrank, und ein Klirren von Metall und Glas war in dem Raum. Er trat an das Fenster und stützte beide Hände auf das Fensterbrett. Er spürte die sterile

Sauberkeit der kalten, weißen Farbe unter seinen Handflächen und roch die aufdringliche Luft, gesättigt mit Äther, Spiritus und Chloroform, die selbst vor dem geöffneten Fenster stehen blieb wie ein gläserner Dunst. Er sah die doppelten Fenster vor sich und wusste, dass das Glas in den hölzernen Rahmen diesen Geruch nicht annahm, der sich in seinen Anzug filzte, in seinem Haar hing und den er auszuatmen glaubte, wenn er schlief.

Oft schon hatte er darüber nachgedacht, warum er sich zeitweise vor diesem Geruch ekelte, der in jede Pore drang, sich dort einnistete und überall von ihm ausströmte, als hätte seine Haut nie anders gerochen. Dann hatte er, wenn er nach Hause kam, die Hand seiner Frau durch diese Hülle gezogen und an seine Lippen gehalten. Er sehnte sich nach diesem Geruch, obwohl er wusste, dass ein Abstrich aus dem Handteller seiner Frau genügen würde, die Bauchhöhle eines Blinddarmfalles tödlich zu infizieren. Das war ihm immer gleichgültiger geworden, weil ihm das Bürsten der Hände und der trübgelbe Gummihandschuh oft genug lächerlich erschienen, denn sie nahmen die Unsicherheit, ein plötzliches, unbegreifliches Zucken in den Händen doch nicht fort. Die Möglichkeit zu versagen klebte daran und saß irgendwo kauernd unter seiner Schädeldecke.

Er erinnerte sich, dass er dann über den Handrücken seiner Frau nach ihren Blicken sah. Und er suchte in ihren Augen, und es befriedigte ihn, wenn sie nicht heuchelte. Sie durfte diesen Geruch nicht hinnehmen, obwohl er ihn täglich mit sich nach Hause brachte und nachts neben ihr zwischen die Wände des Schlafzimmers stieß.

Dr. Chmelius sah durch das geruchlose Glas, hinter dem es nach Wasser, Blättern, Holz und Sand roch. Da draußen lagen sie in der Luft, diese winzigen, lebendigen Tode, nach denen er sich sehnte. Er öffnete das Fenster und zog seine Hand über das Glas; es war kalt und feucht. Der Abend hatte es angehaucht. Er neigte sich aus dem Fenster und spürte, wie mit seinem Haar und seinen Armen etwas hinausdrang in den Park und ein Stück davon durchätzte. Er sah hinunter auf die Blumenrabatte und wartete, ob die Blätter nicht welken würden.

Oft schon war in einer solchen Situation immer dasselbe vor ihm aufgetaucht. Auch jetzt schob sich heftiger als sonst die Szene in den Park hinein, da er dem Kapitän auf dessen Schiff geholfen hatte.

Dieses Erlebnis sprach Hohn allen Vorsichtsmaßnahmen und erhob Geistesgegenwart, eine sichere Hand, unvermitteltes Helfen in den Stand, die ihnen gebührten. Hier, so glaubten sie alle, war es getan mit dem Bannkreis von Arztseife, destilliertem Wasser, ausgekochten Geräten und Mullbinde vor Nase und Mund. Das war alles wie eine papierene Attrappe, wie Potjomkische Dörfer, vor denen sich Fälle und potenzielle Fälle verneigten und die ihnen der unfähigste Arzt entgegen schob, sicher, dass sie dann nicht zweifeln würden. Er hasste diesen Nimbus der Unfehlbarkeit, der an die weißen Kittel, die gesetzlich vorgeschriebene kaltfreundliche Schweigepflicht, an die Türen und Schilder und an die Instrumente gestrichen war wie ein Kalkanstrich ohne Leim.

Dr. Chmelius schloss das Fenster, warf sich den Mantel über, zog die Tür hinter sich ins Schloss, stieg in den Aufzug, drückte auf den Knopf und glitt in seine Vergangenheit. Und auf dem Wege nach Hause, hinter dem Steuer seines Wagens, stieg die Erinnerung an den Kapitän Olbricht immer deutlicher in ihm auf, auf dessen Schiff er, um das Nahkampfabzeichen zu erwerben, mitgefahren war und etwas getan hatte, was sich noch nicht wiederholt hatte, und er wusste nicht, ob sich etwas davon wiederholen sollte.

Er befand sich damals irgendwo an einer Küste, und Kapitän Olbricht befehligte eines von den wendigen Gefechtsbooten, die als Vorposten hinausgeschickt wurden, um sich dann so nah wie möglich an den Feind heranzutasten. Und der Ehrgeiz, der auch ihm als einem jungen Arzt irgendwann, ohne dass er es bemerkt hatte, injiziert worden war und einen unbegreiflichen Kriegsrausch bewirkt hatte, hatte auch ihn erfasst und ihn veranlasst, zehn Vorpostenfahrten mitzumachen, damit er sich mit dem Nahkampfabzeichen beheften konnte.

Neun Fahrten hatte er schon hinter sich gebracht, und die Gefahr war wie ein neues Serum in ihn gedrungen, bis er immun war. Es schob einen Blutspiegel vor den Blick, vor das Gehör; er verteilte sich im Gehirn und konzentrierte sich dort, wo sonst Todesangst, Selbsterhaltungstrieb und Vernunft nisteten.

Nun befriedigte es Dr. Chmelius, dass er damals auf dieser zehnten Fahrt ausgebrochen war, dass es ihm mit einem Mal nicht mehr angekommen war auf dieses Stück Blech, dessen Nadel den Uniformrock durchstochen hatte. Er hing an der Tatsache, dass er damals, als sie ihm das EK danebenstachen, einen Stolz empfunden hatte, der außerhalb jener Zeit lag. Er durfte sich nicht verbrauchen.

Das EK lag als einziges Erinnerungsstück rechts in seinem Schreibtisch auf grünem, dünnem Filz. Sie hatten erst kürzlich danach gesehen, er und seine Frau, und sie war fast zu jung, um dieses Kreuz zu verstehen, und er unterdrückte den Eifer, mit dem er seine Verehrung rechtfertigte. Der makabre Zug, den der Krieg diesem Stück Metall aufgeprägt hatte, war nicht wegzuwischen, selbst nicht in seiner Vorstellung; und die Mühe, ihn wenigstens vor seiner Frau abzutöten, indem er es in das Sterilisationsgerät der anderen, besseren Erinnerung legte, blieb erfolglos. Er schob es dann wieder auf den grünen, dünnen Filz auf dem Boden des Schubfaches, schloss die Schreibtischtür und verharrte alleine in der Erinnerung an seine Tat, durch die Olbricht an einem mühevollen Leben geblieben war.

Er hörte diese abstoßende Stimme, mit der dieser Mann unter dem Druck emporgepresster Kohlensäure seinen ersten verständlichen Satz zu ihm gesprochen hatte. Nur der fast urtümliche Lebensmut des Mannes verhinderte, dass er sich nun vor diesem Dank ekelte. Er sah wieder, wie der Mann die Speiseröhre mit dem Mittelfinger zusammengedrückt hatte; er erinnerte sich nun an die vielen leeren Flaschen, aus denen sich Kapitän Olbricht den Druck zugetrunken hatte, mit dem er die Öffnung der Speiseröhre in unregelmäßige, rülpsende Schwingungen versetzte, um sie dann mit Zunge und Lippen zu einem Dank zu verharmlosen.

Und nun erinnerte sich Dr. Chmelius deutlicher als sonst, dass er danach, obwohl er hätte wissen müssen, dass der Mann auch nicht mehr rauchen konnte, wie er gewohnt war, nach seinem Zigarettenetui gegriffen hatte. Olbricht hatte die Zigarette genommen, ganz selbstverständlich, mit einem wissenden Lächeln auf dem Mund, als hätte er in den zerquetschten Stunden des Schmerzes künstlicher, flüssiger Ernährung nur immer wieder durchdacht, wie er denn wieder würde rauchen können. Olbricht hatte die Zigarette zwischen die Lippen geschoben, hatte sich ein Stück dem brennenden Streichholz zugeneigt und den Rauch in den Mund gesaugt, indem er mit den Wangen eine saugende Kraft entwickelte. Auf den eingefallenen Wangen lag der Schimmer von Glück, als ob der Mann, der damit bestrichen war, nichts anderes zu beachten schien, als wieder rauchen zu können. ‚Wer wieder rauchen kann, ist gesund‘, hatte er aus sich herausgepresst.

Dr. Chmelius wunderte sich, dass es ihn damals nicht angekommen war, dem Mann die Zigarette aus dem Mund zu nehmen und in die Öffnung der Luftröhre zu schieben, die zwischen Narben und transplantierter Haut geblieben war, damit er atmen konnte.

‚Er hätte nichts geschmeckt, und der Rauch hätte ihm die Bronchien verbrannt. Essen und trinken wie ein Tier - Sprache von dem Druck einiger Flaschen Selterswasser, aber leben, leben.‘

Sie waren damals in der vordersten Linie angekommen, hatten mit den Nebelferngläsern gegnerische Schiffe erspäht, und durch den salzigen Dunst war das Dröhnen von Flugzeugmotoren gedrungen. Es geschah ganz plötzlich: Wohlberechnet spuckte der Nebel eiserne Fetzen und Splitter aus, sie zischten waagerecht über die Bordplanke hinweg, und ein Stück bohrte sich in den Hals Kapitän Olbrichts.

Er hatte es in unmittelbarer Nähe mit angesehen als einziger Arzt auf dieser Handvoll Booten; und dass der einzige Schwerverwundete gerade in seiner Anwesenheit zusammensank, hob seinen Beruf aus der Bedeutungslosigkeit empor, in die er nach dem Kriege abgesunken war.

Dort im Krankenhaus war er ersetzbar, ständig vertreten, wenn er nicht anwesend war in den regelmäßig wiederkehrenden Stunden der freien Zeit. Wenn er ging, blieb die in Dienstzeiten eingeteilte Fähigkeit; sie übertrug sich auf einen anderen, der bei der Vielzahl der Fälle das Gleiche vermochte oder nicht vermochte wie er. Bei den wenigen schweren Fällen, so schien es ihm, zerfiel die ,ärztliche Kunst' in dem organisierten Krankenhausbetrieb in Methoden, Therapien, Diagnosen, Vermutungen, und der Patient wurde dazwischen hin- und hergerissen.

Damals auf dem Schiff hatte er sich über den Mann gebeugt, festgestellt, dass die Halsschlagader nicht verletzt war, hatte nach dem Taschenmesser gegriffen, von einem Aspirinröhrchen den Boden abgeschlagen, oberhalb des Brustbeins die Luftröhre geöffnet, das Glasröhrchen hineingeschoben und den Mann beobachtet, ob er wieder atmen würde.

Später hatte Dr. Chmelius erfahren, dass Olbricht seit seiner Genesung Bäume plätzte, in eine kommunistische Partei eingetreten war, spät geheiratet hatte und zwei Kinder aufzog, die ihn nicht anders kannten als mit der kunstvoll wandelbar gemachten Stimme seiner Speiseröhre, in die er Luft zu schlucken gelernt hatte, die die Kohlensäure ersetzte.

Dr. Chmelius bog in die Planckstraße ein draußen in der Vorstadt, hielt vor dem neuen, vor seinem Haus, an, öffnete die Garagentür, verrichtete alle gewohnten Handgriffe und ging, einen schalen, salzigen Geschmack im Mund, in das Haus.

Am Morgen des nächsten Tages, als er tun wollte, was er seit Jahren tat, bemerkte er, dass die Garagentür am Abend vorher offen geblieben war.

Öffnung

Am Anfang
deine Arme
Schranken,
deine Beine
Bug
in der Woge
meines Blickes.

Und dann
legst du
Die Arme auf die Lehnen
des Sessels.

Mein Schauen
fällt
wie Regen
auf deine Hände,
den Hals,
den Mund,
bildet Tropfen
an Wimpern:
warme Tropfen,
Wiesentropfen.

Hingabe

Ein Baum
verzweig ich mich
in dir,
mein Licht,
mein Regen.
Ich trage Blätter,
Früchte.
Ernte sie!
Entblättern
herbstlich
will ich mich
und ruhen
still
in dir,
bis neue Kraft
aus meinen Wurzeln
steigt
und
deine Sonne
neue Knospen
weckt
aus meinen Zweigen.

Endlich

Wir reden miteinander
und die Sehnsucht
deine Hände zu spüren
glüht unter jedem Wort

Ich stell mir vor
du gehst
Ich frage mich
was geschähe
wenn du bliebest

Angst erfüllt mich
dass nach dem Brennen
dieser Stunden
Dunkel ist
und Kälte
dass meine Worte
träge tropfen
dass unter ihnen
nichts mehr glüht
und alles nichtig ist

Unsere Liebe hat den Rhythmus
eines Sonnenstrahlbündels
Durch das Brennglas
kurzer Stunden
glüht es sich
in seltene Tage

Fragen

Raum
    greifst du in mir
    wie ein Baum.

Wie mit Schwingen
    des Windvogels
    streifen meine Gedanken
    dein Bild in mir.

In der Trauer
    um deine Ferne
    lösen sich Blätter
    und taumeln
    beschwert
    zu Boden.

Mein Blick fällt
    auf Fragen
    aus welken Blättern
    über
    verborgenen Wurzeln.

Einsam

Der Asphalt
wirft mir
über den Novemberregenfilm
dein Bild
in meinen Abgrund,
wo
die Verzweiflung
vergeblich
auf einen weichen Stups
der warmen Kuppe
deines Zeigefingers wartet.

Schnee

Schnee fällt
und schmilzt in mir,
trocknet langsam
auf müdem Herz.

Bekennen

ich möchte einen Text schreiben,
der mich
dir so zeigt,
wie ich bin,
wenn ich dich verzweifelt frage:
bleibst du
jetzt,
wo du alles weißt,
bei mir
oder
gehst du.

Durch dich

In der Liebe zu dir
schwingt mein Herz
in seinem Ton
wie die schwerste
von allen Glocken am Turm:

Du hast es
mit sanftem Schlag
zum Klingen gebracht

Kontakt

Gedanken
    schwingen
      zwischen dir und mir:
taubehangene Silberfäden

Tropfen
    fangen Licht
      und werfen es
    verspielt
ins Herz mir.

Du sprichst

Torkelnd

taumelnd

tanzend

kommt

deine Stimme

auf mich zu:

ein

frisch

geschlüpftes

Nachtpfauenauge

Nähe

Wir kommen uns näher.

Ein Feuer entzündet sich:

darin verbrennen

Wünsche, Hoffnungen, Bilder.

Es kann uns nichts geschehen:

Die Asche ist die Wahrheit,

die wir suchen.

Wir sind Liebende.

Deine Hände

Wie ein Tropfen
ins Meer fällt,
so kehre ich heim
unter deinen Händen.

Schmerz

Ich habe es zugelassen,
dass du mich berührst.
Es sind alte Wunden,
die schmerzen.

Distanz

Ich denke an dich,
löse dich von mir,
übe,
dich zu lieben.

Wie ein Blatt

Ich tanze wie ein Blatt,
aber ich falle.
Ich fliege wie ein Blatt,
aber ich welke.
Ich treibe wie ein Blatt
und lebe.
Ich sterbe wie ein Blatt,
aber ich weine.

Gezeichnet

Ich spüre das Siegel,
mit dem du dich mir
eingebrannt hast.
Ich gehe darin auf,
damit die Spuren tiefer,
unauslöschlicher werden:
Wie ein Schnitt
in die Baumrinde,
wie ein Brandmal
am Schenkel des Pferdes.

Dich erleben

Dein Mund ist warm
er leuchtet
Es singen deine Augen
Wie Heckenrosen
blühen deine Wangen
Wie Lämmer über Wiesen
springt dein Lachen
Ein Flüstern
gießen deine Hände
über mein Gesicht

Du bist lebendig
wie ein Sonnenstrahl
Du tanzt wie er
auf einem Tropfen Tau
Wie Moos im Sommer
ist dein Körper

Ein Wunsch

Lass uns,
was uns an Schmerzlichem geblieben,
lass uns den Zweifel
und das Dunkle lieben.

Lass uns das Helle
unsern Glauben nähren.
Lass uns den Mut
der Liebe mehren.

Lass uns den Reif,
den sachten,
den es zu schmelzen gilt,
beachten.

Sonne

Wieder hat sie sich der Nacht
und ihrem schwarzen Netz entwunden,
steigt und glänzt und spielt so sacht
mit dem Tau gleichwie mit Funken.

Wie ein Mosaik aus Perlen
lebt das Netz der Spinne auf.
Im Geäst der breiten Erlen
lacht das Licht in raschem Lauf.

Und zum Abend über Bäumen
geht sie fort und geht allein,
um am Rand der Welt zu träumen
vom vergangenen Stelldichein.

Bild im Mai

Sanft schwingt das Mai-Gelb des Rapsfeldes gegen
das Auf und Ab der grünen Weide.

Ich wende mich nach links, nach rechts.

Immer streift mein Auge der Rhythmus von Gelb,
Grün und Blau: Blau oben und in der Ferne im
Wasser der See.

Grün oben in den Kronen der Bäume, unten in den
ersten sich streckend entfaltenden Halmen der
Getreidefelder, tief unten im Löwenzahn des
Wegesrandes, der wilden Kräuter des Grabens,
der Böschung.

Gelb - wie Streifen und Punkte von Sonnenwärme,
zum Horizont gezogen: das Rapsfeld.
Im Wildgrün des Grabens:
die Löwenzahnblüte.

Ein wenig gehüllt in den Blaudunst weit draußen:
ein rotes Segel.

Wahrnehmung I

Im Silberklang
vibrierend
du
und leicht verzweigt

Die Haut
ein Goldblattkleid

Ein Ton
auf Mondlippen
im Brunnen
deiner Trauer
noch nicht erreicht
den letzten
feinsten Zweig.

Kadenzenäste
von Hoffnungen
Knospen von Wünschen
im Scheitern von gestern.

Wahrnehmung II

Im Klang
der Mondschale
dein Auge ruht.
Aufwärts
zweigt sich
ein Sonnenfunken.
Aus seiner Tiefe
berührt mich
ein
unendlich lang
in Eis
erstarrter Wunsch.
Vergessen
fast
schmilzt
er
und stirbt
erlöst.

Am Meer I

Sonne, vom Herbstwind gebrochen.
Tang, auf die Steine gespült.
Schattenhaft Flecken von Wasser,
Spuren der Flut morgens im Flimmer
des Lichtwasserspiels.

Geblendetes Auge fällt satt in das Gras.

Landeinwärts der Sturm in den Wipfeln,
ein Zittern hinab bis zum Schilf.

In der Nacht das Ohr an der Muschel.
Aus dem Rauschen trinkend Schlaf.

Fenster, glühend wie Augen des Weisheitsvogels.
Geäst zuckend im Lichtschein nachtumfangener Schiffe.

Ich alles im Sinn verzehrend:
Gischt, Watt, die Muschelschalen im Sand,
flutendes, ebbendes Meer,
hungrige Möwen, Tang,
Ahnung auftürmender Wogen.

Den Hauch des Sommers, den letzten,
um Ruinen aus Sand.

Am Meer II

Auf der Sturmseite
treibe ich
meinen Blick
ins unendlich Graue.
Wasserzeitgewalten
rühren mich an.

Die letzte Flut gibt mir
seltsame Zeichen zu lesen:

Auf den Sand geschoben,
aufeinandergeflochten,
durcheinandergeknüpft:

Tang
Das Stück Schiffstau
Der Schuh
Plastikhaut
Brett
Tonne

    Eine Zeichenzeile
    an meinem Weg.

        Zeitwasserzeichen
        am Sturmstrand.

Am Meer III

Wie ein Fass
steht die Nacht
Über'm Meer.
Der Mond -
hereingeschlüpft
durch ein Spundloch.
Er steht
auf der Schulter
der Bake,
der linken.

Ich stütz meinen Arm
auf den Leuchtturm,
entzünde die Pfeife
am Feuerschiff.
Dem Mond steigt
der Rauch
in die Nase.
Er fragt,
welche Marke ich rauche.
Querbeet,
sag ich,
und paffe.

Ich leg meine Pfeife
auf's Meer.
Die Möwe muss niesen.
Dröhnend putzt sich
der Dampfer die Nase.

Ein Schiff läuft
als Fackelzug aus;
glühendes Pech
fällt auf's Meer.

Schick mir
den Mond mal herüber!
ruf ich
zur Kugelbake hinüber.

Ein Stups
mit der Schulter, der linken,
und langsam
über ein Wolkentuch
rollt er zu mir, nimmt Platz
auf der Pfeife.

Warm hast du's hier,
sagt er,
und macht sich's gemütlich.

Hinein in den Pfeifenkopf
drück ich zwei Wangen voll Wind.
Er friert und macht sich davon,
dorthin,
wo Rum schwappt in Bojen.

Unterwegs

Wie flüchtig sind der Dinge viel
Auf deinem Weg zu manchem Ziel

Du glaubst, es sei doch alles klar
Bei allem Zweifel sogar wahr

Doch wieder, wieder täuschst du dich
Denn alles wandelt, wandelt sich

Du änderst Ziel und Weg
Benutzt die Straße und den Steg

Die Brücke und die andre Tür
Verlierst für dich gar das Gespür

Schau um dich, bleibe stehn
Erlaube dir, dich selbst zu sehn.

Die Reise

Ungewiss das Ziel der Reise
Vergessen schon der Start
So reise ich auf meine Weise
Das Leben noch auf mir beharrt
Ein Gleiten ist's, ein Holpern
Ein Gradenwegs, ein Stolpern
Ein auf den Wassern Gleiten
Ein sicheres nach vorne Schreiten
Ein Fliegen und ein Zögern auch
Ein Schattensuchen unterm Strauch
Ein Suchen in der Weite
Wohin ich unaufhaltsam gleite.

Der Geiger

Da geigt er wild
Und rührt mich an
Der wundersame
Geigenmann.
Sein Spiel berauscht
Die Straße lauscht
Die Straße schweigt
So magisch wohl kein andrer geigt.

MIX

Papier | Fördert
gute Waldnutzung

FSC® C083411

Zeitfracht Medien GmbH
Ferdinand-Jühlke-Straße 7
99095 Erfurt, Deutschland
produktsicherheit@kolibri360.de